Corinna Wodarz

Mutters ganzer Stolz

Unser Haushalt

in den **50er** **und 60er** Jahren

Wartberg Verlag

Bildnachweis

Private Bildgeber
Jan Böckenhauer, Eutin: S. 20 u, 24 li. o, 46 li. o, 57 li. o
Barbara Böhm, Witzenhausen: S. 28 u, 29 u, 50 li. u, 52 u
Dirk Deselaers, Höxter: S. 30, 31 li. o
Susanne Hinsching, Nordhausen: S. 5 o, 7 re. o, 24 re. o, 32 u, 35 li. o, 57 re. o
Senta Wodarz, Höxter: S. 8 o, 9 o

Archive, Museen und Fotografen
50er-Jahre-Museum Büdingen: S. 6 re. o, 7 li. o, 19, 20 li. o, 23 li. o
Stadtarchiv Höxter: S. 10 o, 11 li. o, 40 o, 41, 44, 45 o
Stadtmuseum Göttingen: S. 2 o, 10 li. u, 11 u

Klaus Meier-Ude, Frankfurt am Main: S. 6 li. o
Presse-Dienst Poss, Siegdorf: S. 39 li. o
Eugen Sauter, Ulm: S. 15, 29 o, 31 re. o, 49 li. o, 60–63

Weitere Bilder wurden folgenden Publikationen entnommen
S. 58 re. o: Wir sind die Jungen der 50er und 60er Jahre von Bernd Storz. Wartberg Verlag
S. 25 li : Milchbar, Schupo, Tanzcafé. Stadtleben. Die 50er und 60er Jahre von Horst Wisser. Wartberg Verlag

Alle weiteren Bilder entstammen dem Archiv der Autorin

Besuchen Sie das 50er-Jahre-Museum
in Büdingen mit seinen unzähligen Exponaten
aus einer spannenden Epoche:

50er-Jahre-Museum e.V.
Auf dem Damm 3
63654 Büdingen

50er Jahre MUSEUM

Impressum

1. Auflage 2006

Gestaltung und Satz: Ravenstein und Partner, Verden;
Simone Voßwinkel, Berlin
Druck: Druckerei Thiele und Schwarz, Kassel
Buchbinderische Verarbeitung: Buchbinderei Büge, Celle

34281 Gudensberg-Gleichen • Im Wiesental 1
Telefon: 0 56 03/9 30 50 • www.wartberg-verlag.de

ISBN 3-8313-1615-5

Liebe Leserin, lieber Leser,

die Küche ist zu allen Zeiten der zentrale Ort einer Wohnung gewesen. Kein anderes Zimmer war so bedeutend, wie das, in dem Speisen und Getränke aufbewahrt und zubereitet wurden. Es ist die Küche, in der technischer Fortschritt und gesellschaftliche Veränderungen einen besonders frühen und starken Ausdruck finden. Gleichzeitig ist die Küche immer ein Hort der Gemütlichkeit und der Beständigkeit geblieben. Auch emotional ist sie besonders wichtig. Ein Großteil unserer kindlichen Erinnerung spielt sich in ihr ab. Dort haben wir alle die Kuchenteigtöpfe ausgenascht, duftete es in der Adventszeit unwiderstehlich nach Plätzchen und haben wir am Küchentisch die ungeliebten Hausaufgaben mehr oder weniger widerwillig erledigt. Hier hat die Mutter Kinderkleidung genäht und Kindergeburtstagen ihren Höhepunkt verschafft. Wer nicht das Glück hatte, seinen Geburtstag im Sommer im Garten zu feiern, der hat am Küchentisch aufgeregt unter den neugierigen Blicken der Freunde die Geschenke ausgepackt und Wettessen veranstaltet. So beherbergt der Küchentisch für die meisten Menschen die schönsten Erinnerungen. Kleine Jungen haben an ihm ihre Boote und Modellflugzeuge gebaut, kleine Mädchen ihre Puppen gebadet, gefüttert und neu eingekleidet. Im hellen Licht der Deckenlampe wurden Gaumenfreuden erlebt und reifte die Erkenntnis, dass keiner so gut kocht wie Mutti. Wir haben aber auch ekeligen Spinat unter Schütteln hinuntergewürgt, weil er ja angeblich so gesund ist und mit Großeltern und Geschwistern „Mensch ärger' dich nicht" gespielt, gelacht und geweint – und uns geärgert.

Auf dem Land blieb in den fünfziger Jahren zunächst erst noch alles beim Alten. Das tägliche Leben spielte sich in der Wohnküche ab, die im Winter oft der einzige geheizte Raum des Hauses war. Die „Gute Stube" blieb besonderen Anlässen vorbehalten. Die Hausfrau nutzte die gute alte Reformküche aus der Vorkriegszeit. Eine eiserne Kochmaschine, ein Spülbecken an der Wand, ein Büffet, ein Tellerbord, Fliegenschrank und ein bisschen Stauraum bietende Einzelschränke gehörten dazu. Gewaschen wurde einmal die Woche im großen Kessel. Das war eine mühselige, kräftezehrende Arbeit, die neben Rückenschmerzen rauhe, rissige Hände und zerstörte Frisuren hinterließ. Der Haushalt hielt die Hausfrau von morgens bis abends auf Trab und zehrte mit seinen körperlichen Anstrengungen alle Kräfte auf. Nur der Sonntag war frei, wenn man vom Kochen absieht.

Von der Stadt her aber wehte im Verlauf der 50er/60er Jahre ein anderer Wind. Da durch kriegsbedingte Zerstörungen viel Wohnraum neu geschaffen werden musste, waren die neuen Wohnungen nicht nur klein, sie mussten auch extrem gut genutzt werden. Die Küche in diesem neuen Wohntyp konnte dank Einbauschränken und maßnormierten Bauteilen aber optimaler genutzt werden.

Der große Wandel in der Bedeutung der Küche lag aber nicht nur in ihrem äußeren Erscheinungsbild und ihrer Nutzung, sondern in der unglaublichen technischen Revolution, die sich dort innerhalb weniger Jahre abspielte. Ein E-Herd oder Gasherd ersetzte die schwere, arbeitsaufwändige Kochmaschine, ein elektrischer Kühlschrank und eine Waschmaschine gehörten bald zur alltäglichen Ausstattung moderner Küchen. Abbezahlt wurde lange und auf Raten. Küchenmaschine, elektrische Kaffeemühle, Toaster, Bügeleisen, Staubsauger zogen in die Küche ein und machten sie zum modernsten und technisch innovativsten Raum der Wohnung. Ohne Strom ging in dieser modernen Welt fast nichts mehr. Hausarbeit, so versprach es die Werbung, machte dank dieser neuen fleißigen Helfer keine Mühe mehr, sie galt als Vergnügen. Denn schließlich, so hieß es weiter, schonten moderne Hilfsmittel den Rücken, die Hände und die Frisur der Hausfrau. Und sicherlich erleichterte die moderne Revolution in der Küche den Frauen, die es sich leisten konnten, die Arbeit enorm. Ob sie aber auch dem Klischee entsprachen, stets adrett und ausgeruht sein? Kino und die Werbung machten es vor: Kindern, Haustieren, Wäsche und weiteren Katastrophen zum Trotz, die Hausfrau in der Stadt ist die perfekte Dame!

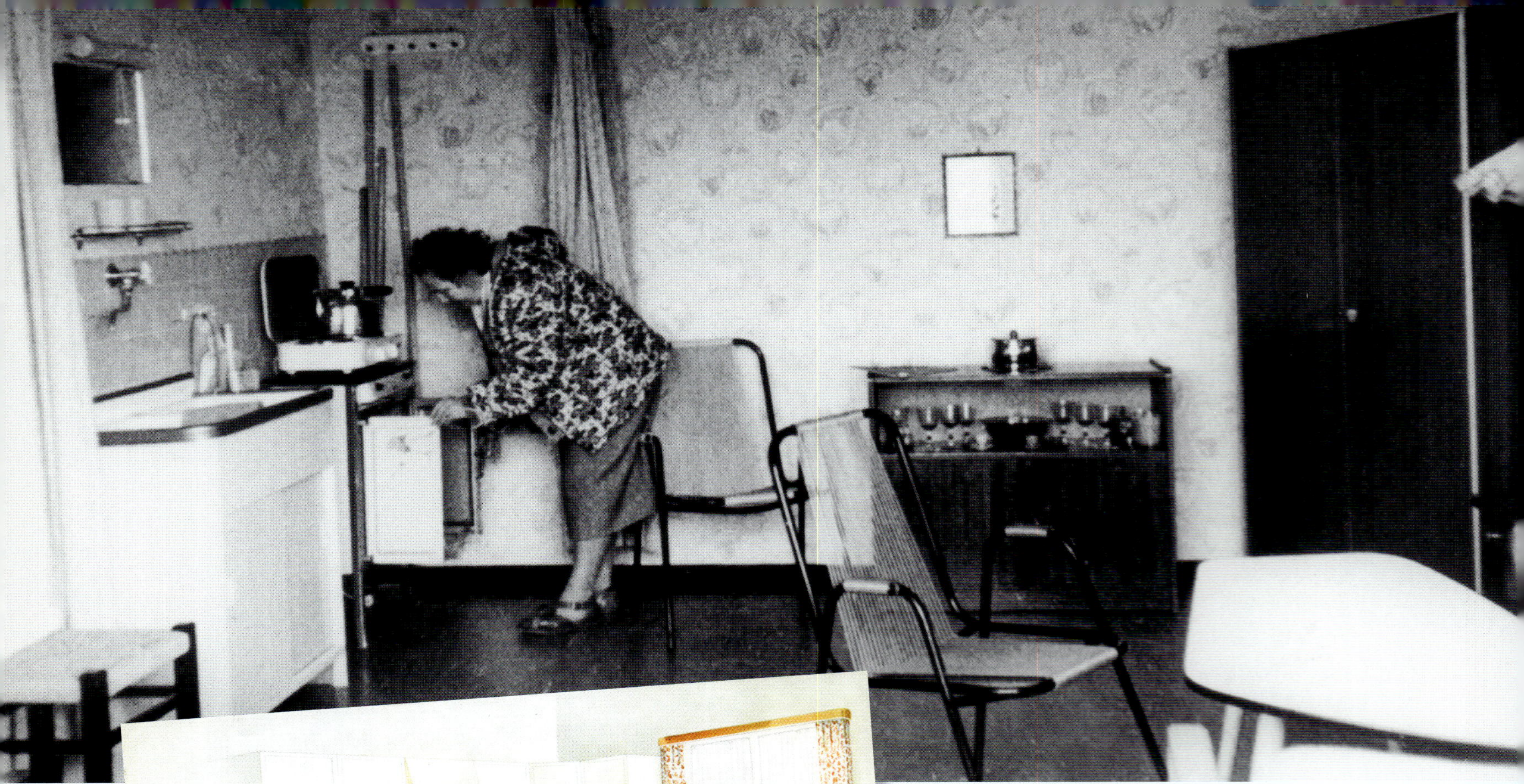

So sieht die Einraumwohnung der 50er Jahre aus. Flur, Wohnzimmer, Schlafzimmer und Küche in einem Zimmer. Zur Küche gehört ein Kühlschrank, eine doppelte Kochplatte und eine Spüle, deren Unterschrank knapp bemessenen Stauraum bietet. Die Spüle dient auch gleich als Waschbecken. Spiegel und Zahnputzbecher hängen darüber an der Wand. Ein buntbedruckter Vorhang aus Baumwolle oder der modernen Kunststofffolie Acella schirmt diesen Arbeitsbereich vom restlichen Wohnbereich ab.

Von einer solchen Einbauküche träumt jede Hausfrau.

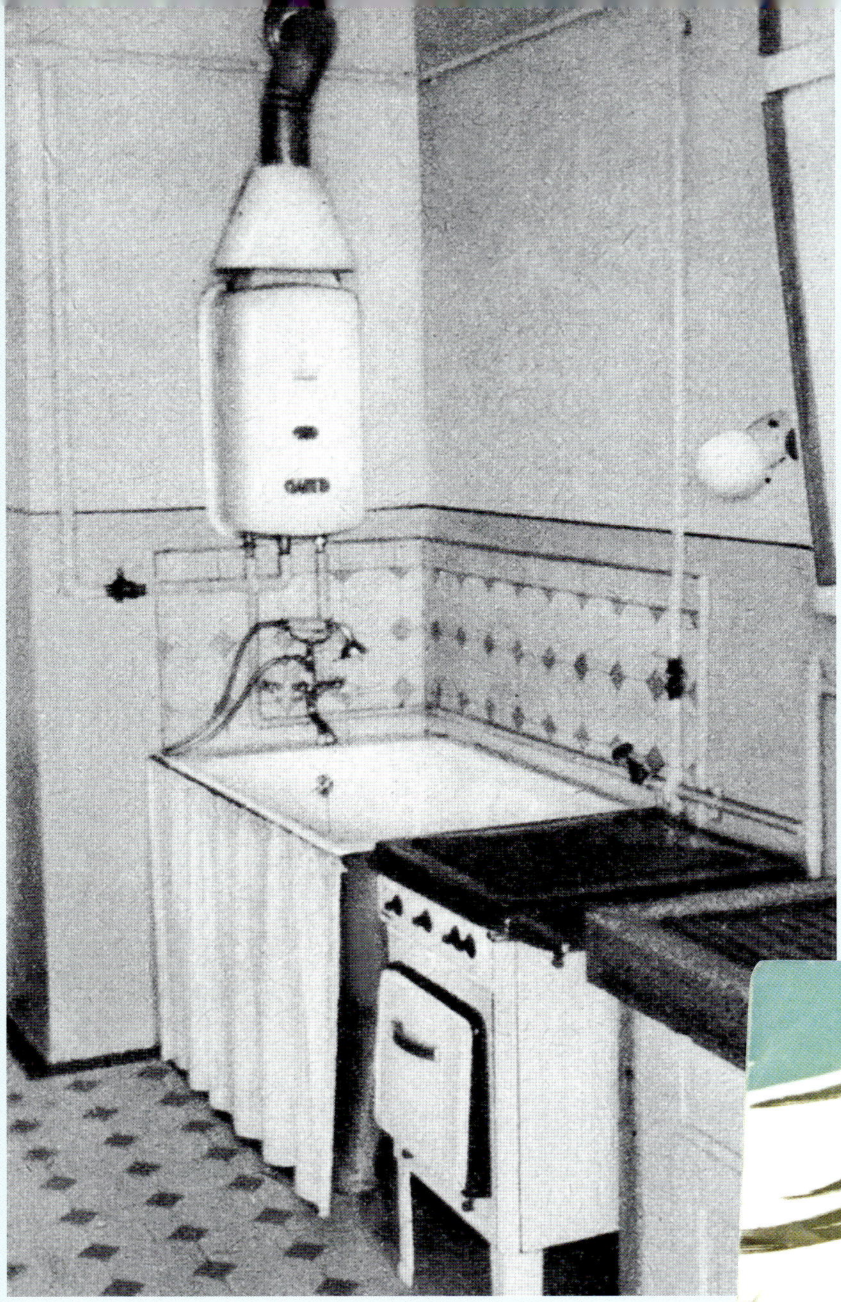

In manche Wohnung lässt sich einfach aus Platzgründen kein Bad einbauen. Doch es gibt Hoffnung. Diese kleine, praktische Sitzbadewanne kann in die Küche eingebaut werden. Ein Gasboiler sorgt beim Durchlauf für warmes Wasser.

Wen könnte da ein Mixer überraschen, mit dem man sich auch die Verspannung aus der Schulter massieren kann?

Morgens kurz nach sieben Uhr. Die Mutter hat den Kittel schon angezogen, das Frühstück für ihre Männer zubereitet und die Brote geschmiert. Der Tag kann kommen. Das Familienoberhaupt liest noch schnell bei einer Tasse Kaffee die Zeitung, bevor er zur Arbeit muss. Er ist spät dran. Der Sohn hat noch Zeit für ein Butterbrot und ein Glas Milch, dann aber geht es ab in die Schule.

Der Geruch frischgebackenen Toasts zieht verführerisch durchs Haus und verspricht Harmonie, Luxus und Gaumenfreude. Bei feierlichen Anlässen verzückt der Hawaiitoast. Das Sonntagsfrühstück ist überhaupt erst durch Bohnenkaffee, selbst gemachte Marmelade und frischen Toast perfekt. So sieht der kleine Luxus aus.

Bei Sammlern von heute sind die kleinen 50er-Jahre-Objekte nicht weniger beliebt als damals bei den Zeitgenossen. Die farbenfrohen Küchenuhren, die praktischen Keramikschalen, Messbecher und hübschen Kleinigkeiten stehen auch heute noch in manchem Schrank. Vielleicht in der hintersten Ecke, aber es sind nicht nur Hochzeitsgeschenke und Weihnachtsgaben, die man doch nicht einfach so wegschmeißen kann. Mixer, Saftpresse und Rührfix gehören selbstverständlich auch dazu.

Konzentration aller Arbeitsvorgänge an einem günstigen Punkt. Von hier aus müssen alle Schränke, Wasserleitung, Herd auf dem kürzesten Wege erreichbar sein

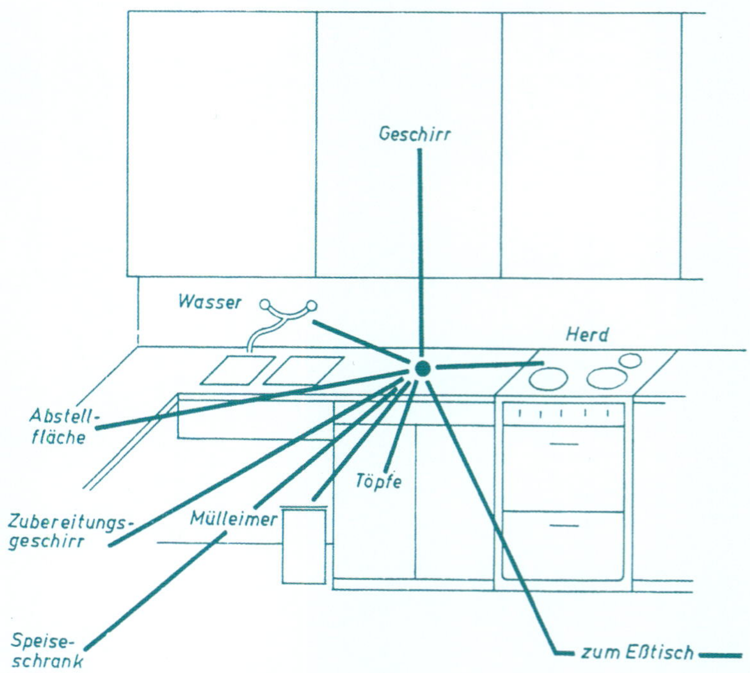

Mehr Gemütlichkeit als vier farbige Stühle bieten die beliebten Küchenbänke. Sie sind mit pflegeleichter Plastikfolie bezogen, die im Sommer immer an den Beinen kleben bleibt. Oft lässt sich die Sitzfläche hochklappen. Die Mutter verstaut dort gerne Zeitschriften und Schulbücher, für die Kinder ist es ein aufregendes Versteck. Was mag sich alles dort verbergen? – Und verbergen lassen. Für Gemütlichkeit sorgen auch die modernen, farbenfrohen Vorhänge. Ein Fenster ohne Gardine? Undenkbar!

In der modernen Küche werden die Wege kurz gehalten, um der Hausfrau die Arbeit zu erleichtern. Von einer zentralen Arbeitsfläche aus sind alle Schränke, Geräte und Möbel leicht zu erreichen. Die moderne Küche der 50er Jahre sehen Designer und professionelle Einrichter als einen optimierten Arbeitsraum. Die meisten Hausfrauen scheren sich um solche theoretischen Pläne nicht, sie machen es so, wie sie es immer gemacht haben. Und wie sie es von ihrer Mutter gelernt haben.

Früher wurden Waffeln auf der Kochmaschine in einem eisernen Waffeleisen gebacken. Nun gibt es elektrische Eisen, die einfach zu handhaben sind. Bakelitgriffe und verchromtes Metall sind modern und praktisch, Handschuhe, Zange und Brandblasen vergessen.

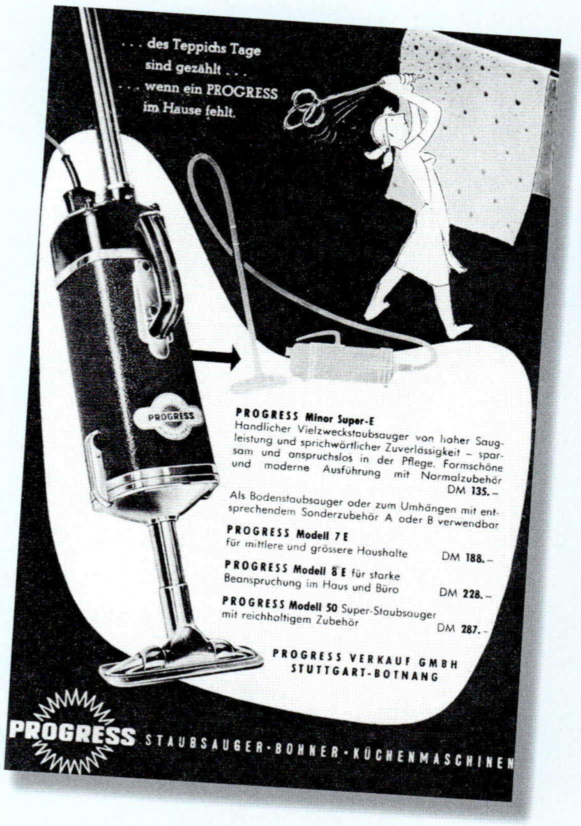

Ein Ausflug am lang ersehnten Wochenende mit der Dame oder dem Herrn des Herzens in die Natur mit Sonnenschein, Picknick und ein bisschen mehr. Was könnte romantischer sein als eine duftende Heuwiese, und die zwei ganz allein?

Hilfe für die Hausfrau in allen Lebenslagen bietet ab 1955 das Buch von Gertrud Oheim, das über Jahrzehnte wieder und wieder aufgelegt wird. Hier findet nicht nur die Hausfrau Tipps, sondern die ganze Familie erfährt Hilfe in allen Lebenslagen, vom Vorstellungsgespräch über Feste, Reisen, Briefeschreiben bis zur Einrichtung und Reinigung der Wohnung.

Nach dem Krieg ist nicht jeder Mann ein Gentleman. In Kriegsdienst und Gefangenschaft sind manche guten Manieren verloren gegangen. Doch zum Glück gibt es ja Hilfe. Junge Leute lernen in der Tanzschule, wie man sich dem anderen Geschlecht gegenüber zu benehmen hat.

Wenn die Hochzeitsglocken läuten

Der ganze Stolz eines Mannes: eine hübsche Frau auf der einen Seite, das eigene Auto auf der anderen. Da hört man in der Ferne doch schon fast die Hochzeitsglocken läuten.

Erst mit der Hochzeit gründeten die meisten Männer und Frauen einen eigenen Hausstand.

Als Hausfrau wird man nicht geboren. Alles fängt romantisch an. Zwei Männer und eine Frau. Für wen wird sie sich entscheiden? Für den coolen charmanten mit Sonnenbrille und Zigarette oder den witzigen, etwas tolpatschigen aber guten Ernährer? Die Körpersprache verrät es wohl schon.

Eine Frau, die nicht kochen kann? Undenkbar! Welcher Mann wäre dumm genug, die zu heiraten? Wer es nicht zu Hause lernt, der lernt es in der Hauswirtschaftsschule. Alles schaut gespannt. Ist der erste Braten in Eigenregie gelungen?

Unter der strengen Aufsicht der erfahrenen Hauswirtschaftslehrerin wird der vorbereitete Teig auf dem Backblech mit flüssiger Butter bestrichen und in den Ofen geschoben. Kurz danach breitet sich ein köstlicher Duft im Raum aus. Da freuen sich alle. Das Werk ist gelungen.

Schonender und schneller gehts im Schnellkochtopf. Besser, komfortabler und moderner verspricht die neue Technik.

Auch Kochen will gelernt sein

Fleisch gibt es nur an Sonn- und Feiertagen. Dann sind es vor allem Braten aller Art. Werktags gibt es Eintöpfe, Möhreneierkuchen, Bratkartoffeln, Blumenkohlbratlinge und gefüllte Schmorgurken. Vieles davon stammt aus dem eigenen Garten. Aber in der Stadt wird die Küche internationaler. Spaghetti wie in Bella Italia, Paella wie in Spanien, Cordon Bleu wie in Frankreich, dazu Long Drinks, die in Farbe und exotischem Geschmack an die Südsee erinnern.

Wer einen Braten braten kann, ist deshalb noch lange kein Experte für Nachtisch. Zimtröllchen mit Sahne und Garnierung, wie die Mutter sie immer gemacht hat. Wenn nur die Füllung klappt. Da läuft einem schon beim Zubereiten und Ansehen das Wasser im Mund zusammen.

Gemeinsam macht auch Kartoffelschälen mehr Spaß, gerade wenn viele hungrige Münder auf das Ergebnis warten. Die Neuigkeiten aus der Nachbarschaft, Privates und Gehörtes werden ausgetauscht, manchmal auch gesungen oder dem Radio gelauscht, immer gelacht. Da vergeht selbst die eintönigste Arbeit wie im Flug.

Dieses Schaufenster vereinigt alle Küchengeräte und -maschinen, von denen Hausfrauen träumten: Küchenmaschine, Kaffeemaschinen, Siphons, Schnellkochtöpfe, Thermoskannen, Teekessel, Entsafter, Brotkästen und Brotschneidemaschinen. Annähernd so perfekt ausgestattet waren am Ende der 50er Jahre aber gerade einmal fünf Prozent der deutschen Haushalte.

Weihnachten ist die ideale Gelegenheit, um die Hausfrau mit Kleinigkeiten wie Parfüm zu beglücken. Aber auch einer der neuen, praktischen Küchenhelfer liegt unter manchem Weihnachtsbaum.

Während die Gewerkschaften 1957 im Namen der Kinder mit dem Slogan „Samstags gehört Papi mir“ die 45-Stunden-Woche fordern, steht doch eines unumstößlich fest: Mutti ist die Beste. Zu ihrem Geburtstag bekommt sie deshalb die lange herbeigesehnte Waschmaschine, die ihre Hausarbeit so viel leichter machen wird. Da ist die Freude groß. Denn wie heißt es in der Werbung? Schenke der Hausfrau Freiheit und Erholung.

Die kleine Familie beim gemeinsamen Sonntagsspaziergang. Er führt auch vorbei an den prallgefüllten Schaufenstern, die voller Verlockungen sind. Leider ist nur wenig Geld da. Für das meiste muss lange gespart werden und Ratenzahlungen belasten das Budget.

Auch in den 50er Jahren passieren die meisten Unfälle im Haushalt. Ein praktischer Dreitritt kann Stürze verhindern.

Auf Freizeit schalten! Noch hat sich keine Form der Waschmaschine durchgesetzt. Parallel werden Waschbüffet, Waschmaschine und Schleuder in einem Gerät, Schleudern unterschiedlicher Größe, elektrische Waschmaschinen mit aufgesetztem Handwringer und natürlich die Form angeboten, die sich bald durchsetzen wird, die von vorne beladbare Waschmaschine.

Drei Generationen in der Küche. Tipp-Kick – das war das Spiel für große und kleine Fußballfans. Nach dem überraschenden Gewinn der Fußballweltmeisterschaft 1954 ist jeder ein Helmut Rahn, Fritz Walter oder Sepp Herberger.

Kindergeburtstag – fünfzehn statt der statistisch berechneten drei Kinder, die verköstigt und unterhalten werden wollen. Alle warten gespannt, aber wohlerzogen, auf den Geburtstagskuchen. So etwas Leckeres gibt es nicht alle Tage.

Hauptnahrungsmittel sind Kartoffeln, Brot, Fleisch, Obst, Gemüse. Brot ist das wichtigste und sättigendste von ihnen.

So ein Tag an der frischen Luft ist anstrengend. Da fallen manchem noch über Kamillentee und Quarkbrot die Äuglein zu und er träumt von neuen, aufregenden Abenteuern.

Während die Oma für die Verköstigung zuständig ist, zeigt der Opa hinterher dem zweijährigen Enkel Hannes, was man mit Bauklötzen Tolles bauen kann. Da freut sich auch der ältere Bruder.

Erholung bei einem kleinen Tratsch mit der Nachbarin ...

... während der Papa mit den Kindern das Auto, den Stolz der Familie, wäscht.

Nach dem Krieg und den entbehrungsreichen Nachkriegsjahren wird der dann so schmerzlich vermisste Bohnenkaffee im Laufe der Jahre wieder zum täglichen Luxus. Man mahlt die Bohnen natürlich selbst. Manche schwören auf die gute, alte Handmühle, die immer noch reißenden Absatz findet. Andere bevorzugen die neuen elektrischen Modelle.

Warum ist es denn so ungewöhnlich still im Haus? Der Blick nach draußen zeigt es. Sind sie nicht süß? Vater und Sohn beim gemeinsamen Mittagsschlaf auf der Liege in der Sonne. Wenn das nicht die Gelegenheit ist, die Hausarbeit ohne Störung zu erledigen.

Moderne Hilfsmittel schonen den Rücken.

Preise für eine Küchenausstattung 1954

Tafelservice aus Porzellan für 6 Personen	27,50 DM
Aluminiumkochtopf	ab 2,95 DM
Aluminiumwasserkessel, 3 L	3,95 DM
Brotschneidemaschine	19,50 DM
Laufgewichtswaage	12,90 DM
Kaffeehandmühle	4,50 bis 6,90 DM
Emaileimer	ab 1,95 DM
Weichplastikeimer	ab 2,85 DM
Küchen-Ablaufbrett	11,90 DM
Handtuchhalterschrank	13,90 DM

Mamas Traum: die ideale Küchenzeile. Schleiflackschränke mit altrosa, hellblauen, gelben, mint- und cremefarbenen Oberflächen. Praktisch, heiter und pflegeleicht. Unter- und Hängeschränke sind der letzte Schrei. Die Fliesen sind hellblau, mint- oder rosafarben. Elektrischer Kühlschrank, E-Herd, Küchenmaschine, Staubsauger, und eine Waschmaschine!

Während die Lockenwickler in den Haaren sitzen, können andere Arbeiten wie Staub saugen erledigt werden. Der Handstaubsauger ist handlicher als das Modell, das man ohne Räder auf Kufen hinter sich herzieht oder -trägt. Zur Kücheneinrichtung gehören neben E-Herd auch Mixer und Brotmaschine. Schiebetüren in den Schleiflackschränken sind hübsch, praktisch und pflegeleicht. Die Wand schützen Kunststofffliesen oder Dekoplatten, die Fliesen nachahmen. Sie sind preiswerter und einfacher anzubringen als Keramikfliesen. Auf dem Boden sorgen Linoleumfliesen nicht nur für Dekoration, sondern sind wischbar, ohne gebohnert werden zu müssen. Fliesenfußböden sind für die meisten noch unerschwinglich.

Typisch in der Küche ist die neue, farbenfrohe Sitzgruppe. Der Tisch mit Resopaloberfläche ist ebenso pflegeleicht wie die mit Kunststoff bezogenen Stühle. Jeder Stuhl hat eine andere Farbe. Die Küche wird zu einem Ort voller Farbe, Leichtigkeit, Helligkeit und moderner Funktionalität.

Sauberkeit ist das oberste Gebot

Ein Besenschrank für Mopp, Bohnerbesen, Handfeger und Putzmittel ist praktisch und hilft dabei, Ordnung zu halten. Holzfußböden und Treppenhäuser werden wöchentlich gefegt, gewischt und gebohnert. Man darf nur das Schild „Vorsicht! Frisch gebohnert!“ nicht vergessen. Schon mancher ist auf der spiegelglatten Fläche zu Fall gekommen. Linoleumfußböden in der Küche werden selbstverständlich mindestens einmal täglich gereinigt.

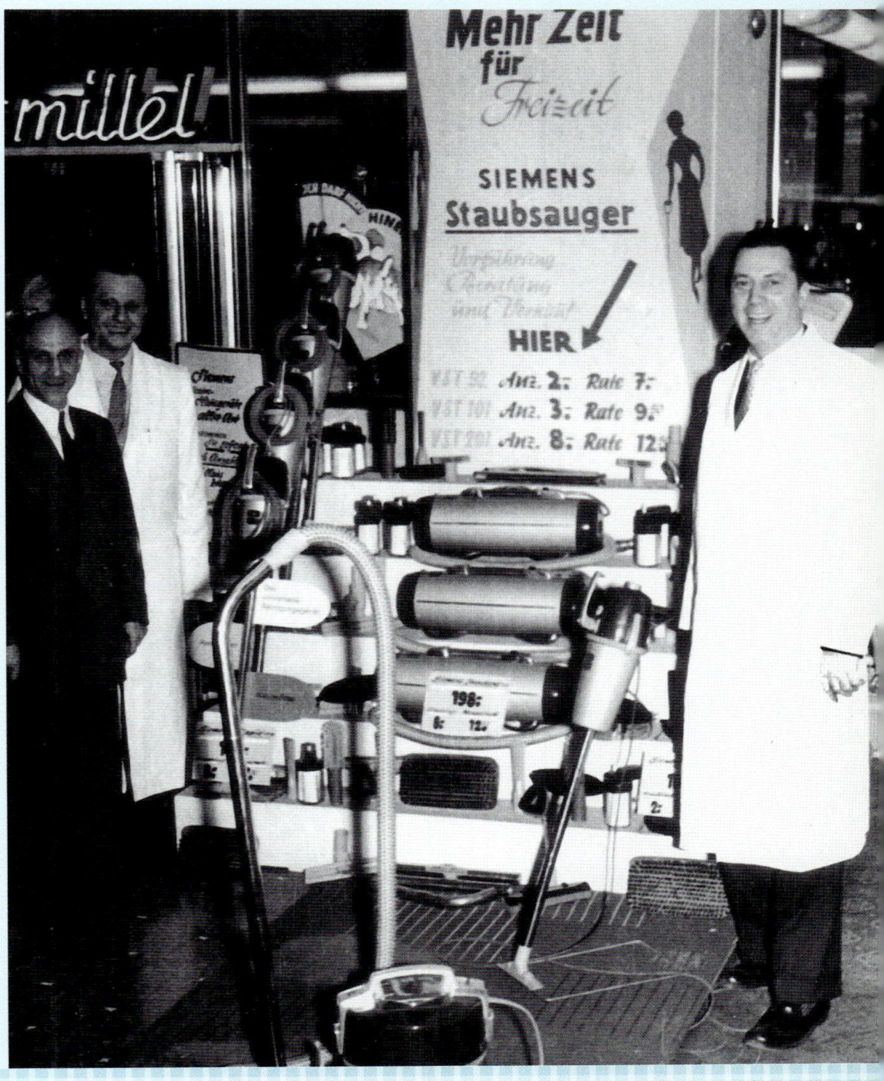

Der gute Verkäufer weiß durch Vorführung zu überzeugen. Das gilt auch und besonders für elektrische Staubsauger, von denen es eine Vielzahl unterschiedlichster Modelle gibt. Dazu lassen sich die Hersteller immer Neues einfallen. Zum Beispiel Aufsätze zum Mixen, Föhnen, Rühren, Mahlen und Duft zerstäuben. Die Slogans der Zeit werben mit mehr Sauberkeit und Freizeit für die Hausfrau. Ach ja, und Bauknecht weiß, was Frauen wünschen.

Feiern macht Spaß. Mit der Schwester ...

Hübsche, kleine Regale lassen sich auch in der kleinsten Zimmerecke unterbringen. Darin und darauf finden nicht nur Toaster, Radio, Geschirr und die farbenfrohen Blechdosen Platz, sie schmücken auch. Viele Kleinigkeiten stehen auch auf den Küchenschränken, wo sie nicht so oft abgestaubt werden müssen, wie diejenigen in Sichthöhe. Leichte Drahtregale mit Holzböden bieten Platz für Obstmessersets, die unverzichtbare Maggiflasche, Geschirr, Gläser, Salz- und Pfefferstreuer, Saftkaraffen und vieles mehr.

Zur Kräftigung werden der Hausfrau viele Mittel angeboten. Von Frauengold über Klosterfrau Melissengeist und Frauen-Elixier bis zum Eierlikör.

... mit Helmut, dem blendend aussehenden Nachbarn, der nicht nur charmant und witzig, sondern auch trinkfest ist ...

... und noch mehr mit Helmut, dem zukünftigen Ehemann.

Prärieauster

1 Teelöffel Cognac
1 Teelöffel Tomatensaft
Pfeffer
Spritzer Worchestersauce
Etwas Zitronensaft
in ölbenetztem Glas
Obenauf ein ganzes Eigelb

Gin-Fizz

2 Glas Dry Gin
2 Teelöffel Zucker
1 Eiweiß
Eisstückchen
Mineralwasser zum Auffüllen

Auch nach dem Hausputz: Was könnte für die Hausfrau kleidsamer und praktischer sein als Kittel und Schürze? Das gilt auch für den Besuch. Das muss doch für die Nachwelt im Foto festgehalten werden!

Champagner-Flip

1 Teelöffel Zucker
1 Eigelb
Saft einer Orange
2 Spritzer Curaçao
Sekt
Eisstückchen

Das Vorbild! Seitdem die Lebensmittelmarken 1950 aufgegeben wurden, gibt es wieder alles und Kochbücher haben Hochkonjunktur. Anregungen kommen auch aus dem Fernseher, sofern man einen sein Eigen nennen kann. Der Fernsehkoch Clemens Wilmenrod kocht in seiner Studioküche. Nicht von ungefähr entspricht die etwas zusammengewürfelte Einrichtung weitgehend der Küche der durchschnittlichen Zuschauerin. Schränke und Sitzgruppe sind nicht der letzte Schrei, aber genau das erleichtert die Identifikation der Zuschauer. Sie lieben ihren Fernsehkoch.

„Clemens Wilmenrod kocht sich plaudernd in Herz und Magen aller Feinschmecker." Seine Kochbücher verkaufen sich glänzend, und zu Hause wird eifrig nachgekocht. Wenn er im Fernsehen Kabeljau kocht, ist Kabeljau am nächsten Tag in Düsseldorf restlos ausverkauft. *„Man geht, nein, man lebt mit bei dieser Sendung."*

Kohle-, Gas- oder E-Herd?

Nirosta-Spüle und E-Herd, Emailkochtopf, pfeifender Teekessel, ein Warmwasserbereiter und natürlich das gute, alte ATA – so sieht der Kern einer vorbildlichen Küche aus. Ordnung, Sauberkeit, Modernität – hier stimmt alles. Töpfe aus farbigem Email sind sehr beliebt. Aber Aluminium- und Edelstahltöpfe laufen ihnen mehr und mehr den Rang ab.

Der Umgang mit der Küchenhexe verlangte von der Hausfrau viel Erfahrung. Nicht nur das Anheizen war eine Kunst für sich, die darüber hinaus zeitraubend war. Durch die Befeuerung mit Kohle und Holz entsteht eine unregelmäßige Wärme, die die Köchin in ihre Überlegungen von Temperatur und Backzeit einbauen muss. Wer ständig etwas Warmes will, der darf das Feuer nicht ausgehen lassen, um schnell etwas zaubern zu können. Dafür heizt die Küchenhexe die Küche gerade in der kalten Jahreszeit wie selbstverständlich mit. Wohlige Wärme verbreitend macht sie die Wohnküche erst zum angenehmsten Raum des Hauses.

Gas- und E-Herd heizen die Küche zwar nicht, dafür sind sie auf Knopfdruck bereit mit einer schnell und sicher zu regulierenden Wärme. Da viele Frauen sich daran erst gewöhnen müssen, werden Kochbücher mit den neuen Herden mitgeliefert, die bei der Umstellung der Garzeiten und Temperaturen helfen. So kann Gebäck beispielsweise in den Holz- oder Kohleherd erst eingesetzt werden, wenn die Röhre richtig vorgeheizt ist. Im Elektro- oder Gasherd kann man das Blech schon in die kalte Röhre schieben. Kohleherd oder Gasherd, das ist oft eine Glaubensfrage. Der Kühlschrank dagegen nicht. Der gilt schon bald als Muss.

Arbeitende Frauen greifen Ende der 50er Jahre gern auf erste Fertiggerichte zurück, um der Familie schnell eine warme Mahlzeit zu zaubern. Der Mehrheit der Mütter und Ehefrauen käme so etwas aber nicht in die Töpfe.

Kochen kann so einfach sein. Ende der 50er Jahre ist die DDR gezwungen, ihre Bürger zum Energiesparen aufzurufen. Deshalb werden Töpfe angeboten, in denen alles mit einem Mal auf verschiedenen Ebenen gekocht werden kann. Ganz anders im Westen. Begünstigt durch internationale Aufbauhilfe und das Wirtschaftswunder spielen Fragen nach Energie keine Rolle. Die Wirtschaft brummt und alle wollen auf ihre Weise daran teilhaben. Gespart hat man schließlich lange genug.

„Darf es ein bisschen mehr sein?"

Konserven versprechen Leckeres und Frisches zu jeder Jahreszeit. Im Winter Appetit auf Erdbeeren – kein Problem! Gäste kommen überraschend am Samstagabend, so dass nichts eingekauft werden konnte – mit Konserven ist man auf alles vorbereitet.

Tante-Emma-Läden locken mit vollen Regalen. Die Hungerzeit vor der Währungsreform scheint lange her. Sind wirklich erst 1950 die Lebensmittelmarken abgeschafft worden? Das neue Motto lautet: „Darf es ein bisschen mehr sein?" Ende der 50er Jahre denkt so mancher über Diäten nach. Die Frauenzeitschriften entdecken dieses Interesse schnell. Wie wäre es mit einer Kartoffel- oder Eierdiät? Selbst Kokosflocken werden für eine gesunde Gewichtsreduzierung angepriesen. Mitte der 50er Jahre öffnen die ersten Supermärkte. Der Konsum wird innerhalb kürzester Zeit zum Begriff. Selbst Männer trauen sich hinein, sind aber eindeutig in der Minderheit. Die Auswahl ist riesig, die Regale sind zum Bersten voll.

Junge Frauen arbeiten oft auch noch nach der Hochzeit. Aber wenn das erste Kind da ist, hören sie auf und kümmern sich um den Haushalt.

Im Laden um die Ecke gibt es alles, was das Hausfrauenherz begehrt. Dazu ein offenes Ohr und die aktuellsten Neuigkeiten. Diese Woche im Angebot: Einkochgläser.

Camping ist „in". Auch der Campingplatz bietet für die Hausfrau vielfache Möglichkeiten sich zu beschäftigen. Handwäsche im Waschbecken, als Trockenleine dienen oft die Zeltschnüre. Die Koch- und Arbeitsgelegenheiten mögen deutlich primitiver sein, aber auch auf einem kleinen Gaskocher lassen sich schmackhafte Speisen zubereiten. Die Kinder finden das ebenso lecker wie zu Hause. Dazu kommt der Reiz des großen Abenteuers.

Auch auf dem Campingplatz muss der Haushalt perfekt sein. Grillen ist aber reine Männersache. Frauen arbeiten nur zu und bewundern den Feuerbändiger. Als Deutscher im Ausland trifft man überall Landsleute und freundet sich schnell an. Helga und Horst aus dem Ruhrpott sind da schnell an der Riviera per Du mit Hannelore und Hans aus Berlin. Die Kinder spielen zusammen und werden fast nur noch zu den Mahlzeiten gesehen. Da wird es auch für die Eltern ein erholsamer Urlaub.

Die Familie soll es schön haben

Die einzige Möglichkeit dem Haushalt zu entkommen: der Urlaub. Da wird einem das Frühstück auf der Terrasse serviert. Aber Hand aufs Herz: Nach spätestens zwei Wochen fehlt doch der eigene Herd und das heimische Essen. Selbst in Bella Italia.

Neben den drei Tugenden Fleiß, Ordentlichkeit und Sauberkeit fällt die moderne Hausfrau der 50er Jahre durch ein gepflegtes Äußeres auf. Dies gilt für die eigene Erscheinung ebenso wie für die Wohnung. Grünpflanzen und Blumen gehören zu den beliebtesten Dekorationsobjekten. Gummibaum, pflegeleichte Palmen, Kakteen werden ebenso gepeppelt wie der persönlich aus Italien mitgebrachte Agavensetzling, der dokumentiert: Wir waren in Italien.

Beliebteste Blume ist neben der Rose die Nelke. Nur für Reiche ist die exotische Papageienblume erschwinglich. Daneben gibt es ganze Bataillone von Vasen in Keramik, Porzellan und Glas, Blumensteckschalen, Blumenkörbchen und -töpfe. Blumentöpfe finden nicht nur auf der Fensterbank einen guten Platz, sondern auf eigens dafür hergestellten Ständern und Blumenbänken.

Nicht nur die Küche, das gesamte Grundstück ist die Visitenkarte der Hausfrau. Ordung und Sauberkeit – schon wegen der Nachbarn. Das gilt auf dem Land wie in der Stadt.

Man muss auf dem Land sehen, wie man zurechtkommt. Und welche Bohnen, welche Kartoffeln würden besser schmecken als die selbst gezogenen? Also heißt es im Frühjahr Wege sorgfältig abstecken …

… Pflänzchen setzen …

Auf dem Bauernhof wird viel eingemacht und eingekocht. Weckgläser kennen alle und fast jeder hat sie im Keller und in der Speisekammer. Die Landfrauen verarbeiten zum Beispiel Weißkohl zu Sauerkraut. Dazu wird die große Holzbütt aus der Scheune geholt. Das angemachte Sauerkraut wird mit den Füßen fest getreten, damit der Saft austritt und sich oben absetzt. Dann kommen Bretter drauf, die mit Steinen beschwert werden. So gärt es dann.

Auf dem Bauernhof verteilen sich viele Arbeiten zwischen Küche und Waschküche. Das Auswaschen der Milchkannen beispielsweise gehört in die geflieste Waschküche, in der das Waschwasser gleich durch einen Bodenabfluss ablaufen kann. Hier wird auch gewaschen, geschlachtet und oft auch gebadet.

... und gewissenhaft angießen.

So viel Gartenarbeit macht nicht nur die Beine müde und das Kreuz lahm, sie verursacht auch Durst.

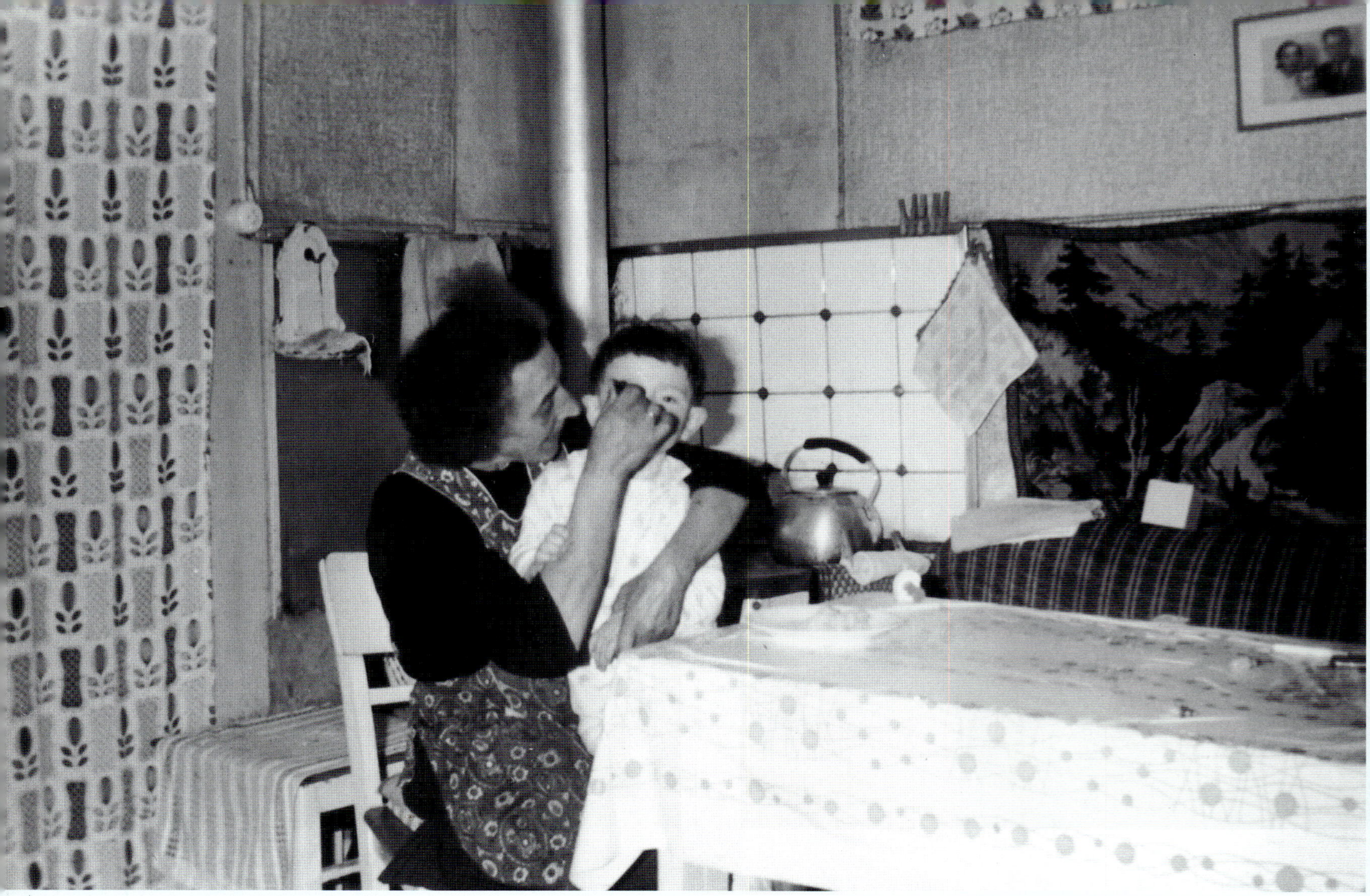

Bei der Oma auf dem Land sieht die Küche 1963 noch aus wie zur Zeit ihrer Hochzeit. Nur die Jungen und die, die dazu gezwungen sind, richten sich neu und modern ein. Für alle anderen tun es die alten Möbel noch. Nur die Gardinen wurden ersetzt. Dem Enkel schmeckt es auch in dieser Umgebung. Hier nur zu erahnen: die Waschgelegenheit. Hinter der Oma mit ihrem Enkel steht der alte Ofen, ein gefüllter Teekessel sorgt im Winter ständig für warmes Wasser. Ein Tischchen mit einem Handtuch darüber, einer Waschschüssel darauf und einem Seifenhalter an der Wand, das ist die ganze Waschgelegenheit, wenn im Winter in vielen alten Häusern nur die Wohnküche genutzt wird.

Mit einer Wolldecke wird der Tisch zum Wickeltisch.

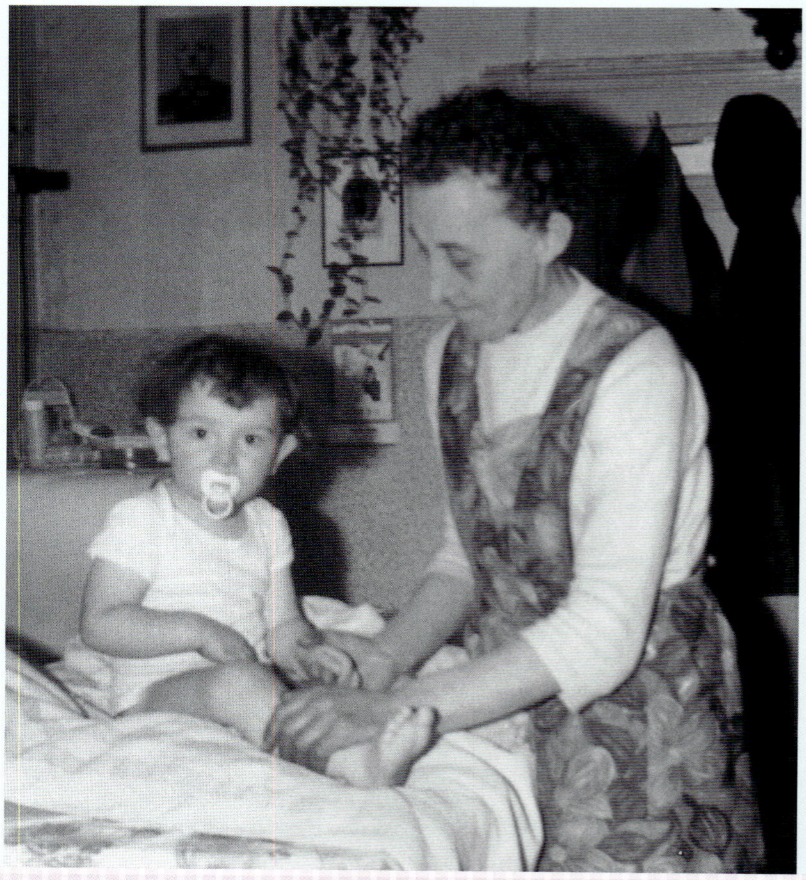

Rechts schließt sich das Küchensofa mit dem Tisch an, der durch Wachstuchdecke oder Tischdecke seine jeweilige Funktion erhält. Das Sofa ist Sitzgelegenheit und Spielecke für den Enkel zugleich. Noch nach Jahrzehnten ist es mit den süßesten Erinnerungen behaftet. Der Kühlschrank als einzige Neuerung hat in einer Zimmerecke sein Plätzchen gefunden.

Landluft sorgt für guten Appetit. Da staunt die Oma, was so ein kleiner Kerl alles verputzen kann. Schließlich will er möglichst schnell groß und stark werden.

Wie ein kleiner Engel ...

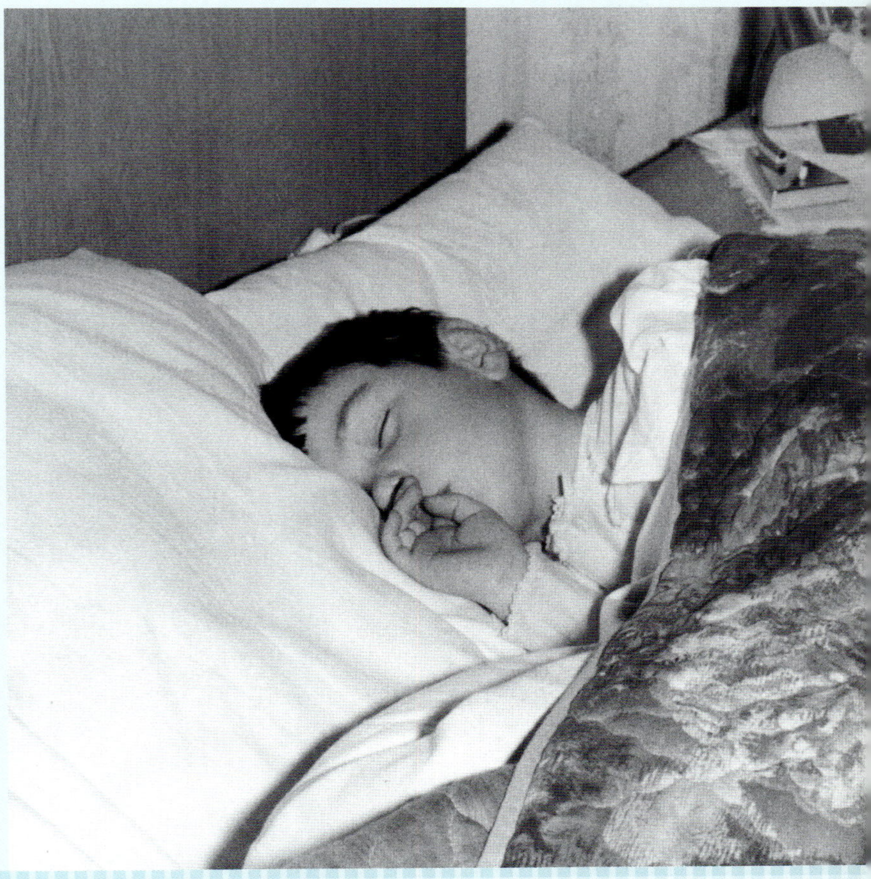

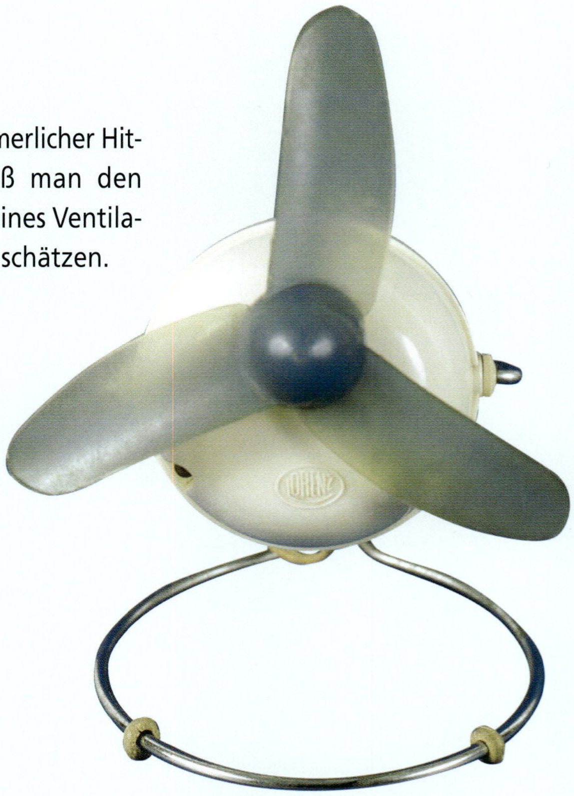

In sommerlicher Hitze weiß man den Luxus eines Ventilators zu schätzen.

Das moderne Bad. Eingebaute Badewannen sind nicht überall verbreitet. Auch Fliesen sind für manche noch unerschwinglich. Wie für die Küche gibt es auch für die Wände des Bades kunststoffbeschichtete Platten im Fliesendekor, die an die Wände geschraubt werden können. Ein Kohleofen sorgt wie mancherorts schon in der Vorkriegszeit für warmes Wasser. Mit Vorheizen dauert es eine Stunde bis zum fertigen Badewasser. In den 60er Jahren kommen große Elektroboiler, die 80 Liter Wasser erwärmen, auf. Das Wannenbad wird in der Regel einmal pro Woche genommen. Nicht immer gibt es frisches Wasser für jeden. Gerade die Kinder gehen oft gleichzeitig oder nacheinander ins Wasser. Wer noch kein Bad hat, der stellt eine Zinkbadewanne in die Küche, befestigt einen Vorhang an einem Besenstil, hängt ihn über zwei Schränke als Sichtschutz und schickt die Kinder nach einander hindurch.

In der DDR sind die Neubauwohnungen besonders klein. Mehr als 2 m² sind zumeist fürs Bad nicht vorgesehen. Deshalb werden die Wohnungen oft mit Sitzbadewanne oder Dusche mit integrierter Sitzbadewanne ausgestattet. Fliesen sind zwar vorgesehen – womit die Wohnungen auf allerhöchstem hygienischen Stand sind – oft bleibt es aber bei einer wasserfesten Farbe als Wandschutz.

Schönheit und Gesundheit

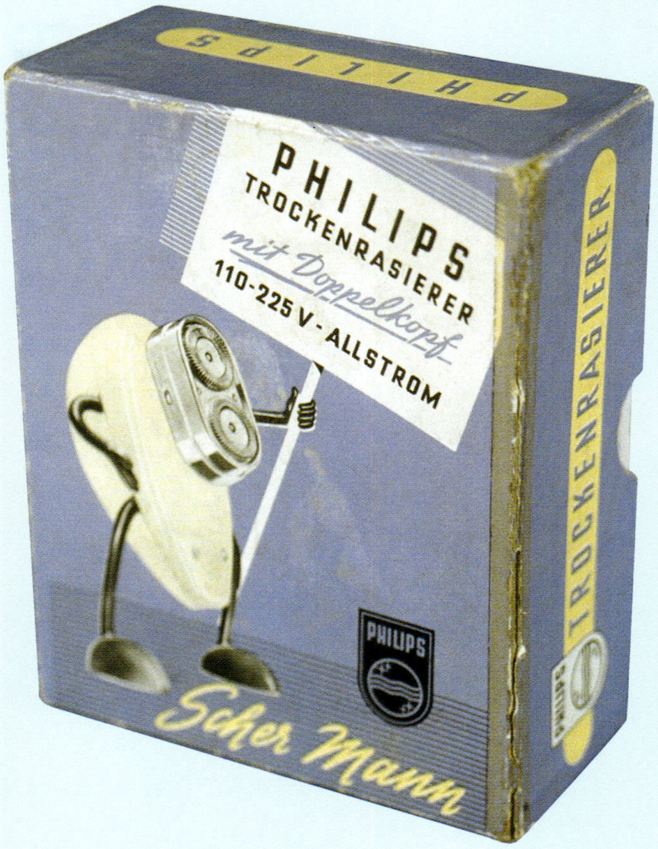

Viele Männer schwören noch auf die Nassrasur, aber immer mehr nutzen einen elektrischen Rasierer. Der bekannteste ist der Philips Schermann.

Grünes Karibikwasser und der Duft exotischer Länder. Weißer Strand, sich im warmen Wind wiegende, saftig grüne Palmwedel vor strahlend blauem Südseehimmel: Neue Badezusätze entspannen und entführen in die Südsee.

Für den schönen Teint: Original Hanau Höhensonne. Formschön und praktisch. Denn Bräune steht für Urlaub, und von dem träumen doch alle.

Schmerzen vom Bücken oder Putzen? Gegen solche Wehwehchen hilft, wie jeder weiß, die UV-Lampe mit behaglicher Wärme.

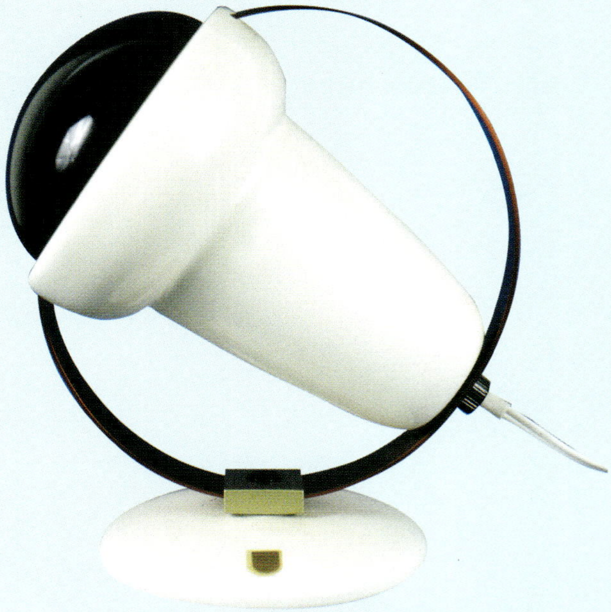

Für die moderne Frisur unerlässlich: die Luftdusche, auch Fön genannt.

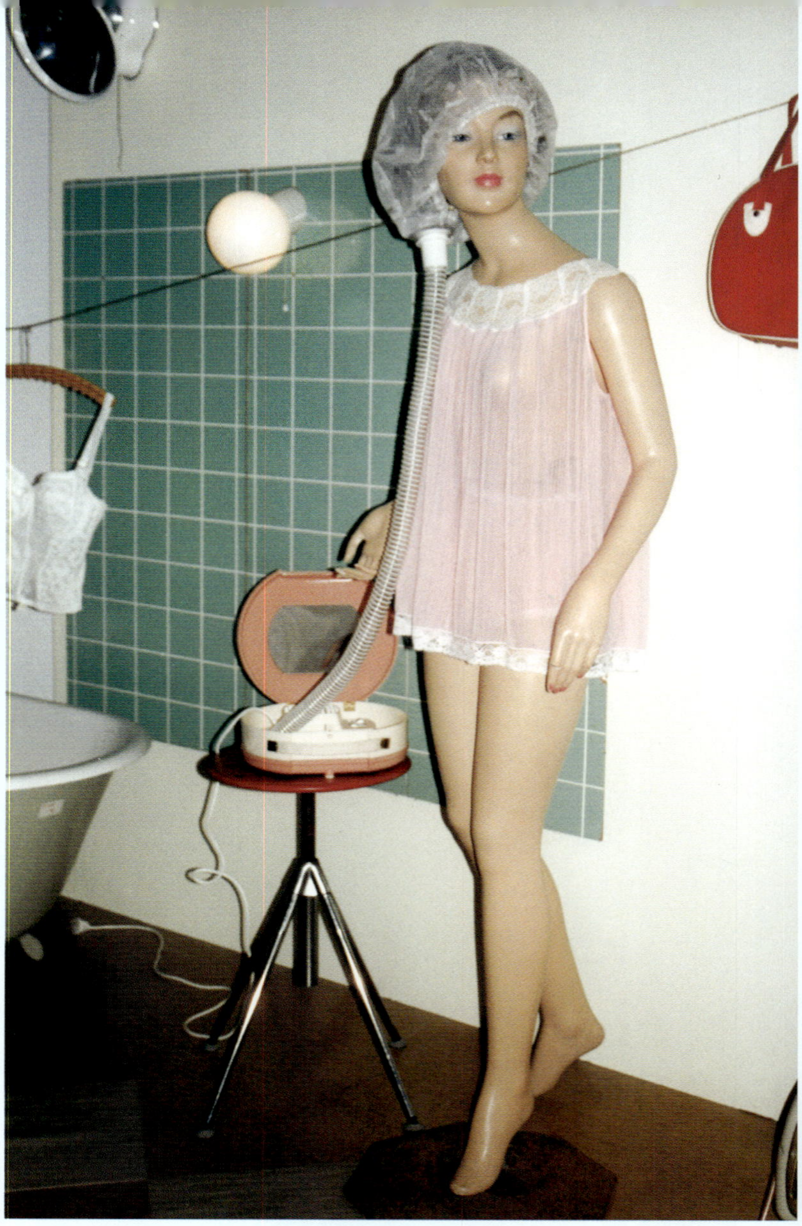

Der Friseur um die Ecke ist mehr als nur ein Palast der Schönheit, er ist ein Ort des Nachrichtenaustauschs. Wer erwartet ein Kind? Wer heiratet? Was gibt es sonst noch Neues? Trotzdem frisieren sich immer mehr Frauen zu Hause.

Die Trockenhaube für die häusliche Haarpflege gibt es nicht nur in der großen Form mit festem Ständer, sondern auch vereinzelt schon tragbar. Aber es vergehen noch fünfzehn Jahre, bis sich in den 70er Jahren die tragbare Trockenhaube durchsetzt. Was für ein Luxus!

Wie vieles kommt auch das Babydoll aus den USA. Filme mit Doris Day und Brigitte Bardot machen es auch in beiden Teilen Deutschlands beliebt.

In größere Wohnungen werden auch in der DDR Badewannen eingebaut. Ein Kunststoffvorhang sorgt für Spritzwasser- und Sichtschutz, und für Behaglichkeit.

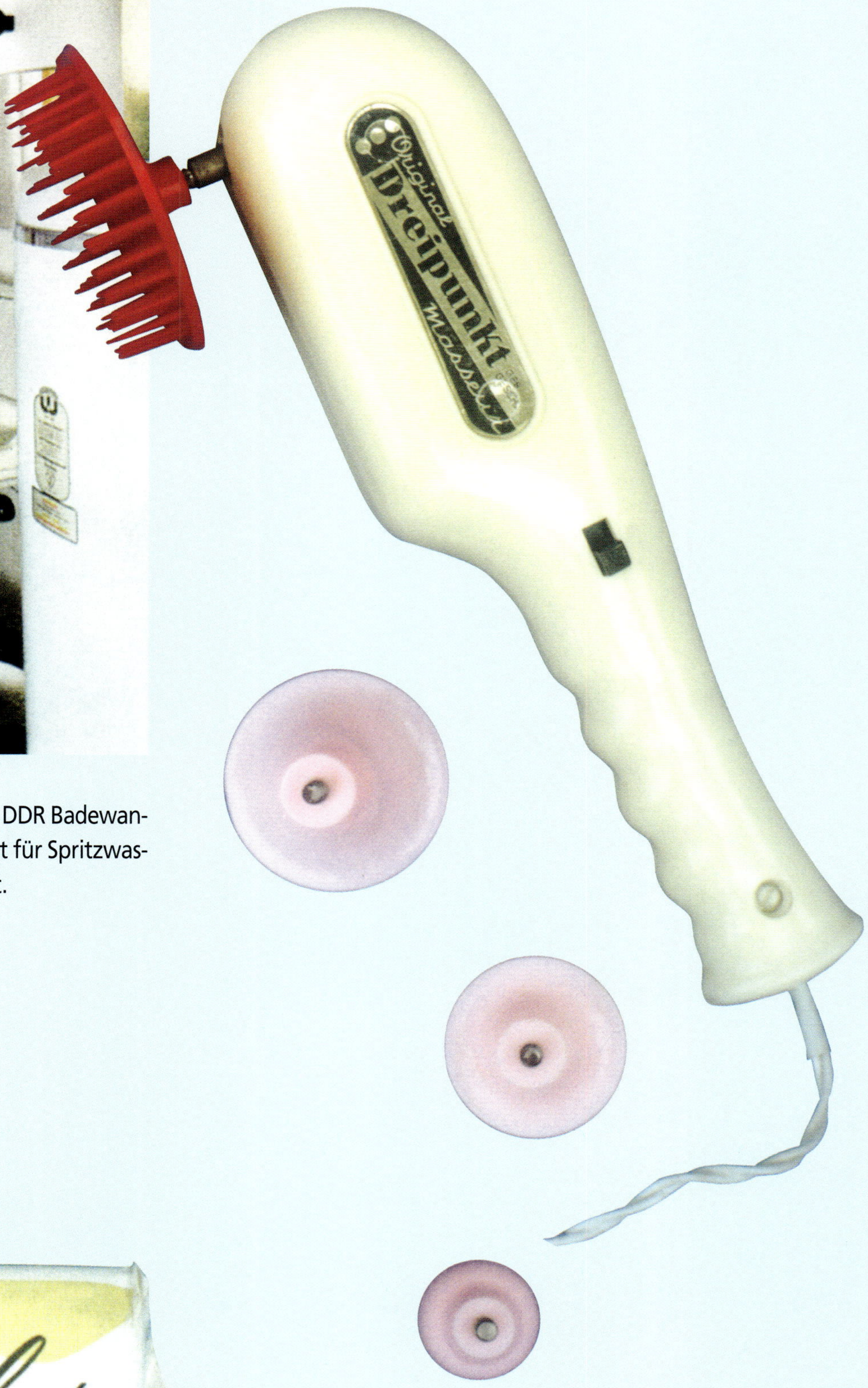

Luxus pur. Gegen Verspannungen hilft das Massagegerät, das es in den 50er und 60er Jahren in ungezählten Varianten und für unterschiedliche Geldbeutel gibt.

Die eigene Wohnung ist für viele junge Paare noch ein Traum. Es herrscht Wohnungsmangel in den Städten. Glücklich, wer sich unterm Dach der Eltern einen Raum mit Koch-, Schlaf- und Sofaecke einrichten kann. Egal wie klein. Das Bad wird geteilt. Wenn auch die Frau arbeitet, ist das um so praktischer, denn die Kinder sind bestens versorgt. Aber viele Männer wollen nicht, dass ihre Frau mitarbeitet. Die soll nur schön zu Hause bleiben und sich um den Haushalt kümmern. „Meine Frau hat es nicht nötig mitzuarbeiten!"

Zur Küchenzeile gehören geerbte Küchenschränke aus der Vorkriegszeit. Ganzer Stolz und einziger Luxus ist der Bosch-Kühlschrank. Natürlich alles auf Raten.

Am gleichen Platz, nur schnell umdekoriert: eine kleine Feier mit Freunden und Verwandten.

Wo links die Küchenzeile unter der Dachschräge ist, erstreckt sich rechts der Wohnbereich. Der Wohnzimmertisch ist ganz im Stil der Zeit, und einen Fernseher hat man sich auch schon auf Ratenzahlung geleistet. Während 1953 gerade einmal 4000 Geräte im Jahr gefertigt wurden, hatten 1957 schon drei Millionen einen eigenen Fernseher. Die Fußballweltmeisterschaft 1954 hatte für diesen explosionsartigen Aufschwung gesorgt. Mancher war zuvor durch Gerüchte über Explosionsgefahren und schädliche Strahlung verunsichert, andere durch Preise bis zu 1000 DM pro Fernsehtruhe. So heißen die ersten Fernseher, die in einem eigenen Schränkchen stilvoll untergebracht sind. Wurde 1952 nur ein paar Stunden gesendet, so sind es Ende der 50er Jahre schon fünf Stunden pro Tag, und Werbeblöcke gibt es auch schon.

Wenn die eigene Wohnung noch ein Traum ist

Klein Manfred tollt dort mit der Oma in der wohlverdienten Kaffeepause.

Das kleine Schwesterchen wird gebadet und so ist der Wohnzimmertisch für viele Zwecke nützlich.

Am Morgen nach einer Feier ist an Müßiggang nicht zu denken. Klein Susanne verlangt ihr Recht.

Die ganze Familie unter einem Dach

Wer sich an elektrischen Kühlschrank, Herd, Staubsauger und Waschmaschine gewöhnt hat, der findet schnell Gefallen an der schnellen, kraftsparenden Wunderwelt der elektrischen Küchenhelfer. Der Braun Multipress aus den frühen 50er Jahren zaubert im Nu die schmackhaftesten Säfte und sieht auch noch gut aus.

Der Kittel schützt die gute Kleidung vor Verschmutzung. Während die Jugend erschöpft von der Arbeit zusammensitzt und sich unterhält, sind es die Groß- und Schwiegermütter, die die Küche machen.

Kann es selbst im fernen Jahr 2000 etwas moderneres als dieses Geschirr geben? Der Designer würde das vehement verneinen. Kein Wunder, dass die Porzellanmanufaktur Arzberg dieses Service selbstbewusst „Form 2000" nennt. Einige Jahre später bringt dieselbe Porzellanmanufaktur ein noch moderneres Design auf den Markt und nennt es Form „2050".

Kaffee- und Teedosen sind nicht nur praktisch, sondern auch schön. Die Hersteller überbieten sich in der aufwändigen, dekorativen Gestaltung der Blechdosen.

Die Kinder haben je nach Alter ihre Aufgaben im Haushalt. Tischdecken, abtrocknen, Müll rausbringen, es gibt viele kleine Arbeiten. Man sieht es dem Jungen an, er könnte sich einen interessanteren Zeitvertreib vorstellen, als die Schuhe aller Familienmitglieder zu putzen. Vielleicht hat er aber auch eine Fünf in Mathe nach Hause gebracht oder mit dem Fußball ein Fenster zerschossen und muss nun büßen.

Schönes und Praktisches erleichtert den Alltag

Zwiebel schneiden ohne Tränen? Davon träumt jede Hausfrau. Das Zwiebelmesser Schneidboy macht es ab Mitte der 50er Jahre möglich. Aber auf die Finger muss man aufpassen. Daneben finden sich als praktische Utensilien Krümelroller und Nussquetsche.

Nicht jede Hausfrau ist sofort von den Vorteilen der neuen Geräte überzeugt. Dabei sind sie durchaus nötig! In manchem Haushalt wird die Wäsche auf dem Herd ausgekocht und nur einmal die Woche gewechselt. Deshalb richtet die Industrie Messen aus, auf denen mit großem Tamtam das Neue dem Alten gegenüber gestellt und – selbstverständlich – für besser befunden wird.

Ist die alte Küche nicht voller Schmutzecken, schwer zu reinigen, dunkel und unpraktisch? Dagegen die neue Küche: alles hell, pflegeleicht und mit kurzen Wegen zwischen den einzelnen Arbeitsschritten!

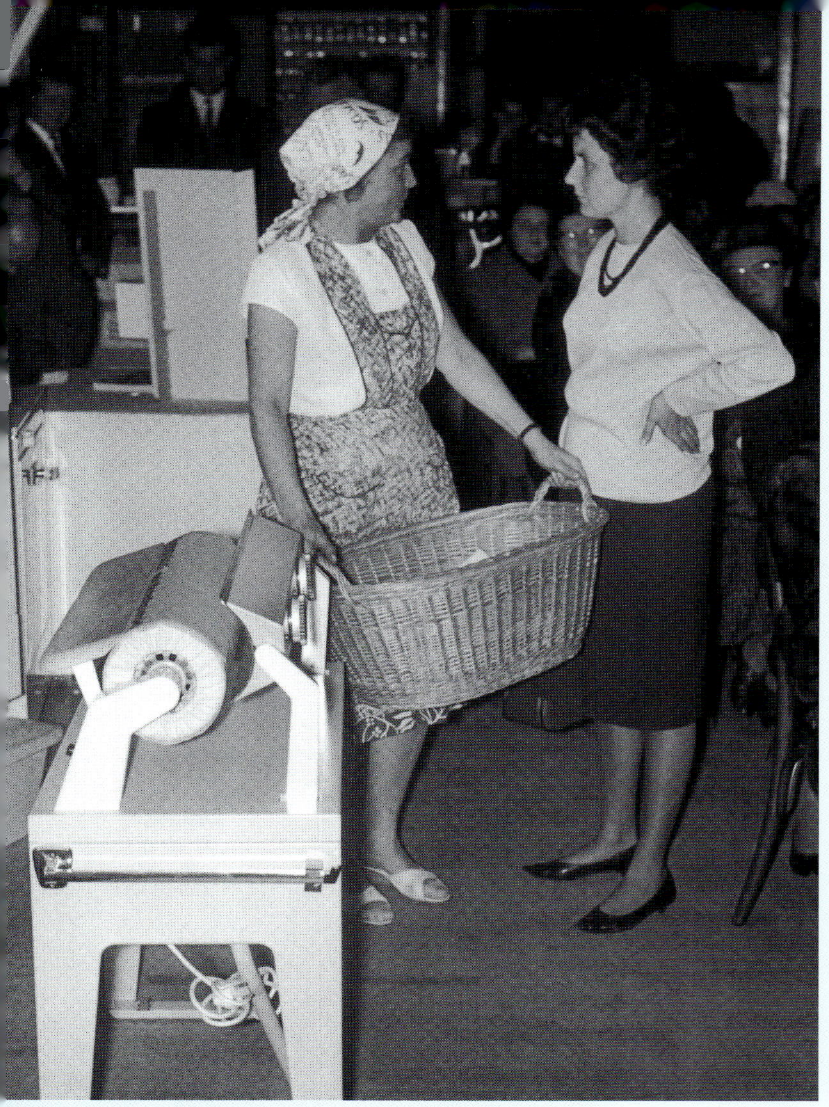

Da wird hitzig gestritten. *Kann die Waschmaschine nicht explodieren?* – Auf gar keinen Fall. – *Aber die wäscht doch bestimmt nicht so sauber wie Waschbrett und erfahrene Hausfrauenhände. Und wird die Wäsche nicht zu stark abgenutzt?* – Nein, nein, nein! Und sehen Sie sich doch an, mit ihrem Kopftuch und der Schütze! Der Rücken schmerzt, die Frisur ist hinüber! Ich dagegen erledige die gleiche Arbeit und bin trotzdem chic angezogen!

Gerade der Verkauf der elektrischen Waschmaschine läuft zunächst schleppend. Waschmaschinenvorführungen und kleine, gestellte Szenen erheitern das Publikum und überzeugen spielerisch von den Vorteilen der neuen Technik.

Waschbrett und Waschstampfer haben ausgedient

Da sind all die kostbaren – und teuren – Neuheiten. Der Waschautomat, die Wäscheschleuder, Mangel, Kühlschränke und Gefriertruhen. Aber hält das alles, was es verspricht? Und dann die vielen Raten! Jeder weiß doch, was etwas taugt, kostet auch. Miele bürgt für Qualität und Unverwüstlichkeit.

Hier darf Klein Hilde mitanfassen. So kinderleicht ist der Gebrauch. Was ist es sonst für ein Kampf, Spinat in das Kind zu bekommen! Und nun das: Selbst gesunde Frischsäfte schmecken nicht nur, die Zubereitung ist auch noch ein Spaß.

Frauen und Technik? In der Küche funktionierts!

Vielzweckmöbel und Multifunktionsgeräte sind „in". Küchenmaschinen können Milchshakes, Saucen, Säfte, Backwaren und Cocktails zubereiten. So ein Mixer ist eine Vielzweckwaffe. Man kann damit Kaffee mahlen, rühren, kneten, schnetzeln, pressen und einen Fleischwolf anschließen. Die technischen Möglichkeiten scheinen unerschöpflich. Wenn nur das Saubermachen nicht so eine Qual wäre. Manches Gerät wird deshalb nur selten benutzt. Der Piccolo von Elektro As ist so ein wahres Funktionswunder. Der Tausendsassa kann Entsaften und Schnetzeln.

Bohnern ist natürlich auch möglich. Außerdem gibt es ein Spritzgerät zum Blumen besprühen und Farben und Lacke zerstäuben. Mit dem richtigen Aufsatz sind sogar schmirgeln, polieren, bohren und sägen möglich. Das hilft auch dem Mann bei der Kaufentscheidung.

Selbstverständlich gibt es einen Aufsatz zum Staubsaugen. Aber aufpassen! Nicht alle Häuser haben schon 220 Volt, deshalb gibt es viele Geräte auch für 110 Volt.

Für Teppiche und Polstermöbel gibt es den Shamponieraufsatz. Die Zeiten des Scheuerns auf den Knien sind vorbei. Dank des Geräts geht alles viel leichter und schneller.

Für die meisten Männer gilt immer noch der Spruch: „*Natürlich helfe ich gerne im Haushalt ein bisschen. – Vor allem beim Essen.*" Aber die Zeiten ändern sich. In den frühen 60er Jahren gibt es erste Männerkochkurse. In der Gemeinschaft lernt es sich schließlich leichter und mit mehr Spaß. Das Kleinschneiden und Öffnen der Konservendose geht jedenfalls schon ganz gut.

Abschmecken konnte Karl-Heinz schon immer. Doch der Blick verrät noch leichte Skepsis im Wissen um die anderen Arbeiten.

Bewährungsprobe zu Hause. Im Kurs war es doch viel lustiger und entspannter, als unter den argwöhnischen Augen der Ehefrau.

Selbst ist der Mann

Eier im Glas sind während der ganzen 50er Jahre sehr beliebt.

Auf dem Land wird selbst geschlachtet, man hat eigene Wurst, eingewecktes Obst und Gemüse. Das Leben ist vielerorts auf dem technischen Stand der Vorkriegszeit. Städter kochen nicht ein. Schnittchen für die hungrige Familie oder die Bewirtung von Gästen werden mit genauso viel Liebe und Fleiß belegt, wie auf dem Land. Nur der Belag ist anders. Leckere Butterbrote werden mit den angesagtesten Leckereien garniert. Dazu gehören Sardinen, Sardellen, Thunfisch, Cocktailwürstchen, Kaviar und Gewürzgürkchen aus dem Glas. Silberzwiebeln, Radieschen, Tomaten und Gemüseschnitzen dienen zur Garnierung.

Motten sind in den 50er Jahren ein ernstes Problem. Kino- und Fernsehwerbung zeigen die erschreckenden Folgen, wie halbaufgefressene Kleidung. Selbst vor Teppichen und Polstermöbeln machen die gefräßigen Schädlinge nicht Halt. Aber die moderne Hausfrau verfügt inzwischen über ein ganzes Arsenal von tödlichen Waffen.

Eine kleine Speisekammer ist auch in den Städten üblich. In vielen Altbaumietshäusern aber verschwindet die Speisekammer in der Wohnung, weil der Platz für das neue Bad gebraucht wird. Anderswo ist die Toilette auf der halben Treppe, das heißt, im Treppenhaus auf dem Treppenabsatz.

Aber Vorratshaltung ist in der Stadt auch nicht mehr so wichtig. Da viele sich ohnehin nicht selbst versorgen, einkochen oder einlagern. – Außer Kartoffeln, versteht sich. Man kauft auf dem Markt oder im Supermarkt für die nächsten Tage. Um frische Waren kümmert sich verlässlich der Kühlschrank.

Die Konserven und Einkochgläser der Eltern warten in einem der geräumigen Schränke auf ihren Einsatz. Der mit engem Draht bespannte Fliegenschrank, der Käse und andere Gerichte vor Schädlingen schützte, hat hier endgültig ausgedient. Diese Speisekammer eines Städters ist gut gefüllt. Neben frischem Obst und Gemüse stehen Konserven. Aber auch Spirituosen finden hier ihren Platz und warten geduldig auf die nächste Feier.

Die Getränke sind kalt gestellt, die Häppchen und anderen Köstlichkeiten zubereitet, die Wohnung geschmückt, nun können die Gäste kommen. Ob die Gäste den neuen Fernseher bemerken werden, der seit kurzem das Wohnzimmer ziert?

Kleidung wird in den 50er Jahren oft selbst genäht. Nähmaschinen sind deshalb sehr gefragt. Vor allem eine Singer oder eine Pfaff. In jeder Kleinstadt gibt es einen Laden mit Nähmaschinen und Reparaturservice. Vor allem Kinderkleidung wird von Mutti oder Oma genäht, gehäkelt oder gestrickt. Viel muss auch geändert oder geflickt werden. Denn natürlich wird die Kleidung der älteren Geschwister von den jüngeren aufgetragen. Auch Omas teurer Pelzmantel kann mit kleinen Änderungen vielleicht noch getragen werden.

Elektrischer Kühlschrank, moderne Unter- und Oberschränke mit pflegeleichter, heller Resopaloberfläche: Die Moderne hat Anfang der 60er Jahre in der Küche Einzug gehalten. Ein Kofferradio sorgt für Unterhaltung. In der Küche sind die Racker zum Foto versammelt. Sie wirken noch etwas eingeschüchtert wohl wegen des grellen Blitzes.

Das zweite Foto ist leichter. Wo ist das Vögelchen? Da Kinderkleidung teuer ist, ist es selbstverständlich, sie selbst anzufertigen. Auf dem Küchentisch werden Stoffe zugeschnitten. Von einem Nähzimmer träumt jede Frau genauso wie von einem Bügelzimmer. Stattdessen wird beides in der Küche erledigt.

Frisch gepflückt schmecken alle Früchte am besten. Das weiß jedes Kind. Ob von diesen Johannisbeeren noch welche für den Kuchen übrig bleiben, darf bezweifelt werden.

Die Küche. Besteckklappern, Wasserplätschern, Kindergeschrei, Töpfeklappern – ja, wirklich – Schreibmaschinenklappern. Der Küchentisch ist ein Multifunktionsmöbel in den kleinen Wohnungen. An ihm wird alles erledigt, was mit Arbeit zu tun hat.

Seitdem Weihnachten 1952 das Fernsehen den Sendebetrieb aufgenommen hat, ist ein eigener Fernseher für viele noch ein Zukunftswunsch und wird es noch mindestens ein Jahrzehnt lang bleiben. Stattdessen verbringt die Familie den Feierabend in der Küche: zwei Generationen und eine Flasche Wein zwecks der Gemütlichkeit. Erst mit dem Fernsehen wird auch auf dem Land das Wohnzimmer von der guten, selten benutzten Stube zum alltäglich genutzten Raum.

Schalensets aus Keramik mit typischen Küchenmotiven lösen Anfang der 60er Jahre die pastellfarbenen Schalen ab.

Zur Feier trifft sich die ganze Familie. Eine Verlobungsfeier, drei Generationen, Eltern, Kinder, Geschwister, Nichten und Neffen, Cousinen und Cousins und sechs Flaschen Hochprozentiges. Für die Kinder gibt es süßen Himbeersirup ins Leitungswasser. Coca-Cola oder Limo in Flaschen ist teuer und bleibt deshalb allzu oft ein unerfüllter Wunsch.

Bowle oder Cocktail? Das kommt ganz auf den Geldbeutel an. Die seit über hundert Jahren beliebte Bowle bietet Getränke für viele durstige Kehlen für kleines Geld. Erdbeer- oder Waldmeisterbowle, je nach Jahreszeit, gehört zu jeder Party. Dank Konservenobst und eingemachtem Obst ist sie das ganze Jahr über verfügbar. Gleiches gilt für den Cocktail, der schicker und mondäner ist, aber leider auch sehr viel teurer wegen der vielen Zutaten. Manfred hat sich für Bowle entschieden. Im Eimer wird sie angesetzt, denn nicht jeder hat ein kostbares, gläsernes Bowleservice.

Zu jeder Party gehören Salzlettengestelle für die beliebteste Knabberei des Jahrzehnts: die Salzstange. Oftmals werden auch Salzbrezeln dazu gereicht. Wie Erdnüsse und Fischlis werden sie in formschönen Anbietschalen serviert.

Häuslich am Tage, perfekt gestylt und lustig am Wochenende. Wer viel arbeitet, darf auch feste feiern. Lustige Hütchen, Papierschlangen, Wein, Bier, Bowle und Cocktails, dazu Musik – am liebsten die neuesten Schlager. Und dann auf zur Polonaise durch den ganzen Saal! *So ein Tag so wunderschön wie heute ... so ein Tag, der dürfte nie vergehen.*

Zu Cocktails und Bowle gehören oft Früchte. Um an die schmackhaften Früchtchen heranzukommen, bedarf es der praktischen Spieße. Die Partys der 50er Jahre sind zwecks Tanz und wegen Platzmangels oft Stehpartys. Damit im allgemeinen Durcheinander das eigene Glas wiedergefunden werden kann, verziert man es mit lustigen Glasanhängern.

Alles ist fertig und die Gäste sind zufrieden. Was gibt es schöneres? *Ein Prosit, ein Pro-o-sit auf die Gemütlichkeit.* Doch wenn der Alkoholpegel bei den Herren steigt, steigt dann nicht auch selbstverständlich die Stimmung bei den Damen? Nicht immer, wie es scheint, erfreuen die Witze und Gesangsdarbietungen die weiblichen Gäste.

Und da sind sie: Lustig und vergnügt, während die Hausfrau in der Küche schafft. Tonnenweise Schnittchen und Häppchen hat sie angefertigt und endlich abgekämpft serviert, als wäre das alles nichts. Denn auch wenn sich die Tische unter ihrer schmackhaften Last biegen, am Ende wird die Hausfrau bescheiden sagen, dass das gar keine Mühe war. Sie wird gerne Rezepte austauschen und genau beobachten, wieviel jeder isst, um zu sehen, ob es schmeckt. Und wenn einer nur ein Stück Kuchen isst, wird sie mit freundlichem Nachdruck ein zweites und drittes anbieten, bis der Gast sich geschlagen gibt.

Schnittchen oder Häppchen?

Kaltes Büffet zum Polterabend. Nudelsalat, Schnittchen, gefüllte Eier, Käseigel und Schwarzweißschnitten gehören dazu. Viel Arbeit? Nein, nein, wehrt die bescheidene Hausfrau ab. Das sind doch nur Kleinigkeiten. Dabei hat sie dafür Stunden in der Küche gestanden.

Schwarz-Weiß-Schnitten

Pumpernickel wird dick mit Butter oder Käsecreme, mit gewürztem Quark oder Frischkäse bestrichen. 3 bis 5 Scheiben aufeinander legen; die obere bleibt unbestrichen. Dann schneidet man schmale Streifen davon ab und serviert sie mit den Schnittflächen nach oben.

Pikantes Tablett

Ein Tablett oder eine große Schale; darauf viele kleine Schälchen gefüllt mit einem Gemisch aus Kümmel, Paprika, Petersilie und Salz, gehackten Zwiebeln oder –ringen, geschnittenen Essiggurken, Zitronenschnitzen, Mixed Pickles, Essigpflaumen, Oliven, Kartoffelchips, Salzmandeln, gebackenen Zwiebelringen, Heringshack, Schnittlauch usw. Mit Hilfe kleiner Gabeln oder Zahnstocher kann sich jeder zum Würzen seiner Häppchen bedienen.

Schnell alles reichlich, ordentlich und hübsch eingedeckt, ...

... denn zehn hungrige Männer wollen nach getaner Arbeit verköstigt werden.

Sandwiches und Häppchen aller Art sind beliebt. Neben Schalen aus Keramik oder Metall braucht die perfekte Hausfrau dafür Spieße und Picker.

Wenn die Frau arbeitet, die kranke Mutter für ein paar Tage besucht, oder im Krankenhaus ein Baby zur Welt bringt, muss Strohwitwer Theobald selber ran. Er macht das souverän, aber nach ein paar Tagen sehnt er doch die Rückkehr der Hausfrau zurück. Immer nur Konserven das ist auf Dauer nichts.

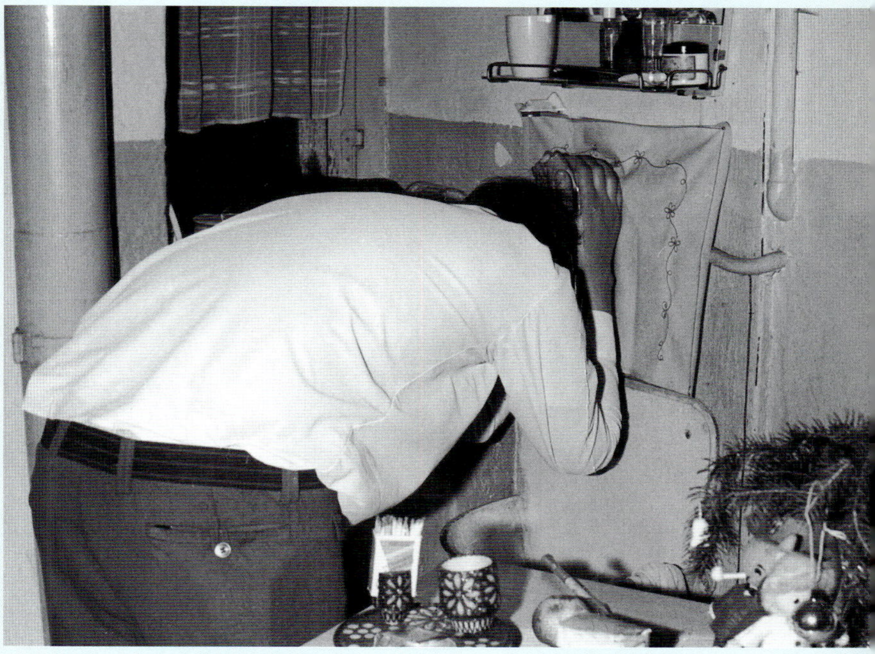

Feiern macht hungrig. Da hilft auch der Opa gerne mit und schmiert sich am Morgen danach selbst ein Brot, während der Abwasch vom Vortag hartnäckig auf Beachtung wartet.

Küche, Badezimmer, Gute Stube in einem. Wer noch immer eine Behelfswohnung hat oder unter der Woche auswärts auf Montage ist, muss alles auf allerengstem Raum erledigen. Hier wurde wohl dem Alkohol zu reichlich zugesprochen. Gut, dass das die Frau zu Hause nicht erfährt, die mit Adventsgesteck und Kuchen wohl anderes im Sinn hatte.

Gläserkarussells – praktisch für Obst, Beilagen, Dipps und Knabbereien.

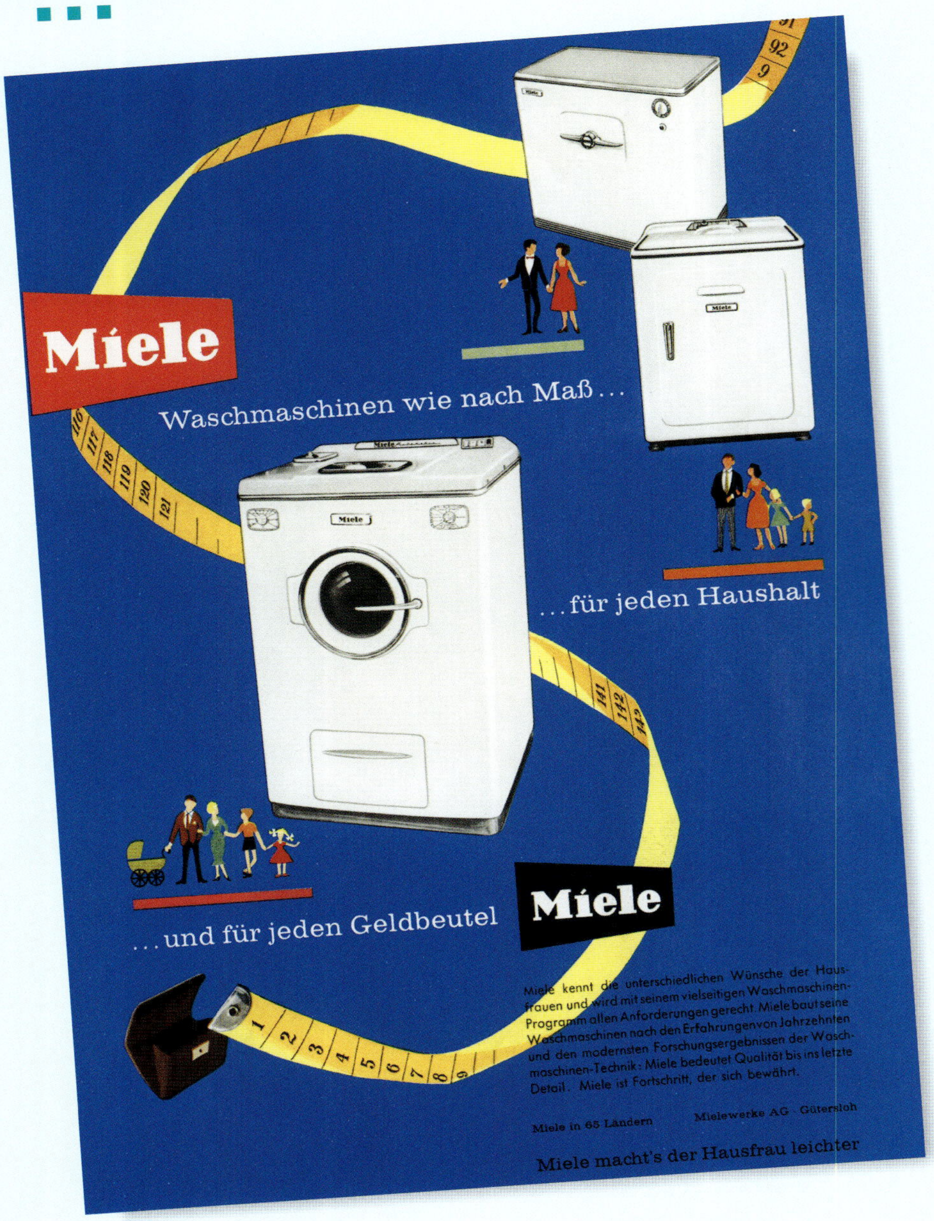

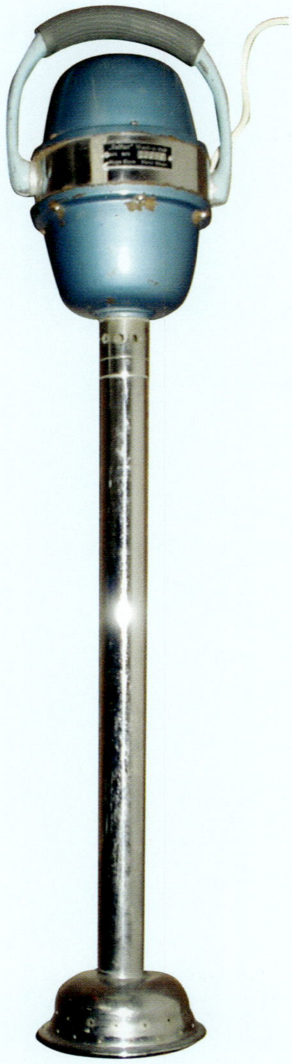

Waschbrett, Wanne und Kessel, Wringer und Wäschestampfer werden arbeitslos. Mit ihnen war waschen eine schweißtreibende und kräftezehrende Arbeit. Viele Liter Wasser mussten im Kessel heiß gemacht werden. Darin wurde die Weißwäsche gekocht und mit einem großen Holz mühsam bewegt. In die Lauge kam später die andere Wäsche, nachdem sie in Bottiche oder Wannen verteilt wurde. Wäschestück um Wäschestück musste auf dem Waschbrett gewaschen werden. Die Erfahrung der Hausfrau bestimmte Wassertemperatur und Waschintensität der einzelnen Stücke. Der Rücken schmerzte, die Arme taten weh und der Kopf wurde heiß und schwer von der Anstrengung und vom Dampf. Anschließend wurde die Wäsche gewrungen – entweder mit dem Wringer oder mit halb tauben, rissigen Händen. Und das alles soll nun eine Maschine genauso gut erledigen können? Wäsche hinein, Waschmittel dazu, Tür zu, Knopf an und in zwei Stunden ist die Wäsche fertig. Ist das nicht ganz unglaublich?

Taifun! Eine Naturkatastrophe? Eine Höllenmaschine? Nein, ein elektrisches Hilfsmittel zum Waschen. Weg mit dem alten Wäschestampfer. Der Taifun erledigt die anstrengende Arbeit wie von selbst.

Der Name „Taifun" verspricht große Wasserverwirbelung. Häufig kommt die Waschfrau gerade auf dem Land noch einmal pro Monat ins Haus, um sich einen ganzen Tag lang der angefallenen Wäsche anzunehmen. Mit der zunehmenden Verbreitung von Waschmaschinen muss sie sich nach einem neuen Gewerbe umsehen. Der Waschtag heißt immer noch Waschtag, aber er hat viel von seinem Schrecken verloren.

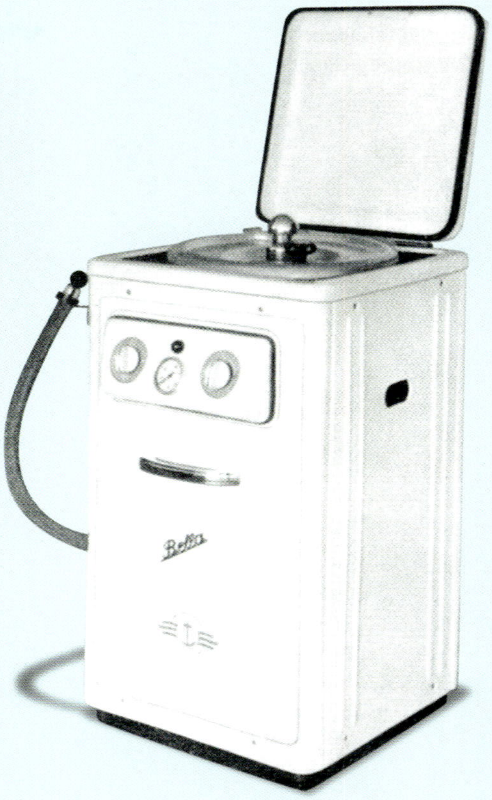

Toplader oder Frontlader? Während in den USA, in denen die elektrische Waschmaschine schon längst verbreitet ist, der Toplader die gebräuchlichste Form der Waschmaschine ist, bestand die skeptische deutsche Hausfrau darauf, zu sehen, wie die Wäsche gewaschen wird. Obwohl teurer im Bau und reparaturanfälliger, wird deshalb bis heute in den Frontlader eine Glastür eingebaut, obwohl eigentlich die Befüllung von vorne sehr viel anstrengender ist, als die rückenschonende von oben.

Die Schleuder ist eine tolle Erfindung. Musste man zuvor die Wäsche mit der Hand wringen, bis Arme und Rücken protestierten, geschieht es in der elektrischen Wäscheschleuder wie von Zauberhand. Aber wehe, man hat sie nicht richtig gefüllt. Nur eine gleichmäßige Füllung verhindert, dass die Maschine bockt und quer durch die Küche hüpft. Noch schlimmer, wenn sie dabei von der mühsam unter den Ablauf gequetschten Schale springt und das Wasser in der ganzen Küche verteilt. Ist die Schale voll, muss das Gerät ausgeschaltet werden oder blitzschnell ein Schalenwechsel vorgenommen werden. Es ist unmöglich, so ein Teufelsgerät unbeaufsichtigt zu benutzen. Kleine Maschinen jedoch schaffen Abhilfe. Sie lassen sich auf einen Stuhl stellen, mit einem Eimer darunter und die Probleme sind gelöst. Eine kleine Schleuder fasst bis 10 kg Nasswäsche. Andere Modelle lassen sich mit einer Handkurbel sehr viel schweißtreibender betreiben.

Rei in der Tube kann alles. Waschen und schmerzenden Füßen Linderung verschaffen. Sogar als Badezusatz ist es geeignet. Kragen, Manschetten, Tischwäsche, Deckchen, Gardinen, Blusen und Bügelwäsche werden mit Reisstärke gestärkt. Selbst Socken werden gebügelt.

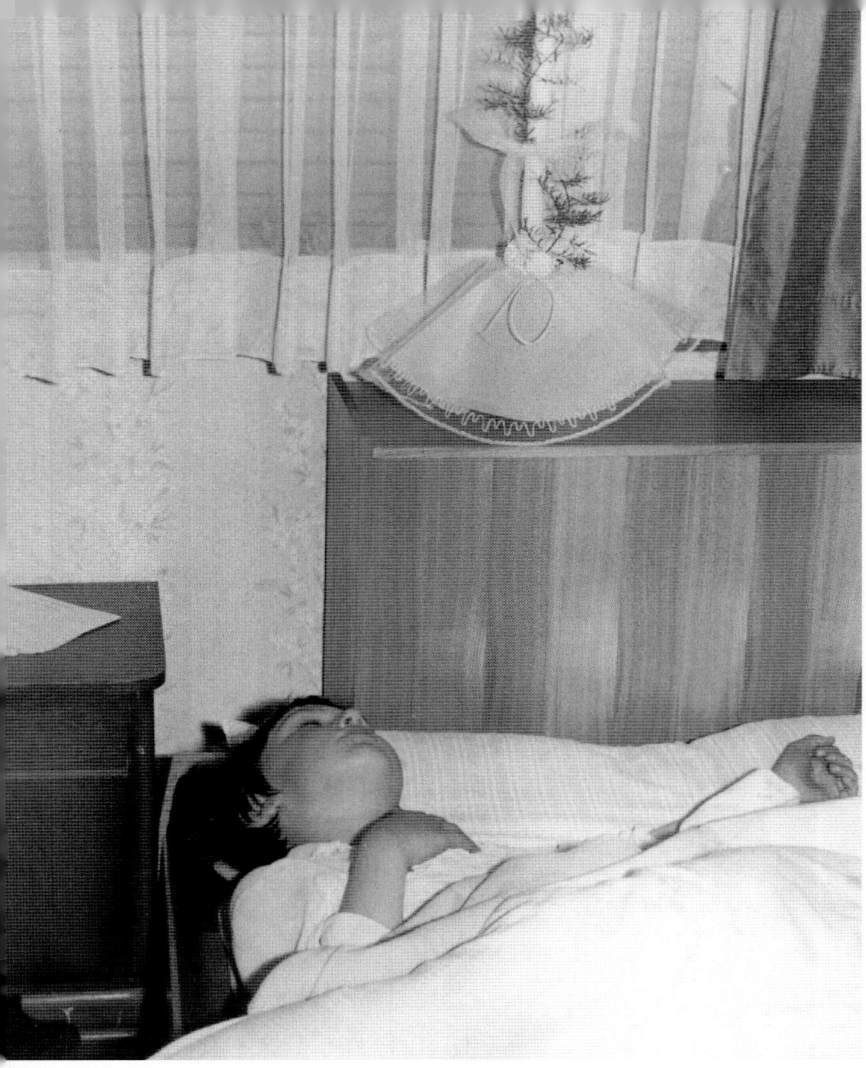

Zu den morgendlichen Pflichten der Hausfrau gehört auch das Wecken der Kinder. Süß sind sie, wenn sie schlafen, aber die Schule wartet nicht und vorher muss noch gefrühstückt werden. Da hilft kein sich-schlafend-stellen und jammern, Mütter müssen manchmal gnadenlos sein.

Zwischen einkaufen, waschen und kochen ein Spaziergang mit den Kindern.

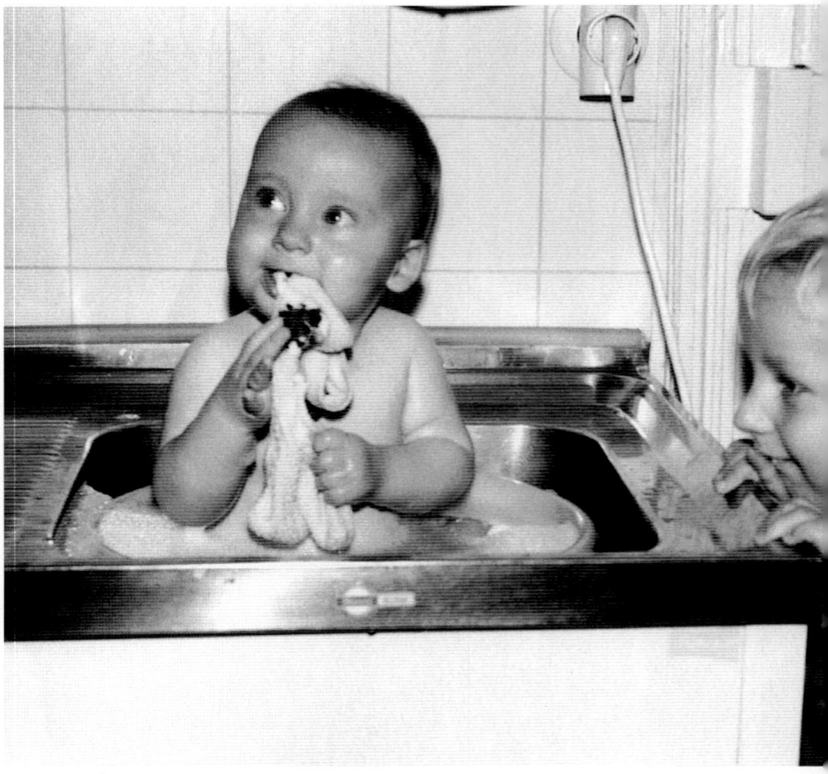

Warum immer nur in der Wanne baden? Es geht doch auch im Spülbecken. Und macht mindestens genauso viel Spaß.

Der erste Versuch auf dem Dreirad. Der Blick ist noch sehr skeptisch, aber die Mama zeigt es dem kleinen Mädchen. Am ersten Tag darf noch im Wohnzimmer ein wenig geübt werden, aber morgen geht es nach draußen.

Neckermann Katalog, Sommer 1954. Noch ist das Wirtschaftswunder nicht da, aber fünf Jahre nach der Währung kann man sich schon einiges leisten. Versandhäuser vermelden in den 50er Jahren immer neue Umsatzrekorde. Gerade auf dem Land ist der Versandkatalog oft der einfachste Weg zu neuem Hausrat. Die Kataloge sind zwar nur streckenweise farbig gedruckt, trotzdem machen sie richtig Lust auf Fortschritt und Luxus.

Ratenzahlung 1954

Der Kühlschrank 92 kostet einmalig 574 DM

oder 6 Monatsraten à 101 DM
oder 12 Monatsraten à 52 DM
oder 24 Monatsraten à 27 DM

Auf dem Land hat jede alteingesessene Familie ihre Familienbibel, in der vor allem die Alten noch jeden Tag lesen, und wichtige Ereignisse wie Geburten, Hochzeiten und Sterbefälle eingetragen werden. Die Jungen gehen wohl am Sonntag in die Kirche, die Alten oft täglich. Wenn der Enkel sich auf die Firmung vorbereiten muss, helfen selbstverständlich die Großeltern oder Urgroßeltern dabei. Die alten Frauen tragen auf dem Dorf natürlich Tracht, wenn sie nicht gerade bei der Arbeit mithelfen.

Vor allem im Winter ist die Wohnküche der wärmste Ort. Kein Wunder, dass Klein Rita in einer Plastikschüssel auf dem Küchentisch ihr Bad nimmt. Praktisch ist es auch noch, denn das Wasser wird gleich auf dem Herd erwärmt. Der ältere Bruder ist sogar ein bisschen neidisch auf so viel Aufmerksamkeit und Spaß.

Zurück auf dem Land

Töpfe und Schüsseln ausschlecken ist noch besser als der fertige Kuchen. So richtig schlecken und alle lästigen Tischmanieren hinter sich lassen, das macht Spaß.

Auf dem Land ist der Familienverband eng. Während die jungen Eltern ihrer täglichen Arbeit nachgehen, kümmern sich die Großeltern, die auf dem Altenteil sind, um das Essen der Enkelchen. Dem kleinen Hannes schmeckt es heute nicht so gut wie seinem älteren Bruder. Gemüsesuppe ist nicht halb so lecker wie Reisbrei.

Auf dem Land bleibt die Wohnküche der zentrale Ort der Familie. Hier treffen sich alle Generationen zum Essen, Reden und vielfältigen Arbeiten. Nachbarn werden empfangen und der Postbote schon mal auf ein kleines Schnäpschen für unterwegs eingeladen.

Gerda hat eine neue Strickmaschine, mit der sie Pullover, Jacken und selbst Socken für sich und die Familie stricken will. Neugierig kommen die Nachbarsfrauen hinzu, um die Wundermaschine zu bestaunen. Bei selbst gemachtem Saft und Gebäck wird ausprobiert, was die Maschine wirklich kann.

Zu Ostern werden die Eier aus eigener Produktion im Farbbad auf dem Herd gefärbt. Rot, Gelb und Blau sind die beliebtesten Farben. Ob sie noch weiter dekoriert werden? Für die Großfamilie mit Großeltern, Eltern, Onkel und Tanten und den Kindern, dazu vielleicht noch die Helfer, da kommen schon viele Eier zusammen, die am nächsten Tag versteckt werden.

Anders als in der hektischen Stadt isst auf dem Lande die Familie noch zusammen am Esstisch. Hmm, das schmeckt, wie man sieht, allen. Reisbrei mit Kompott, da sollen die Kleinen wohl strahlen. Morgen gibt es dafür Gemüsesuppe oder Spinat wegen der Vitamine, da wird weniger Begeisterung aufkommen.